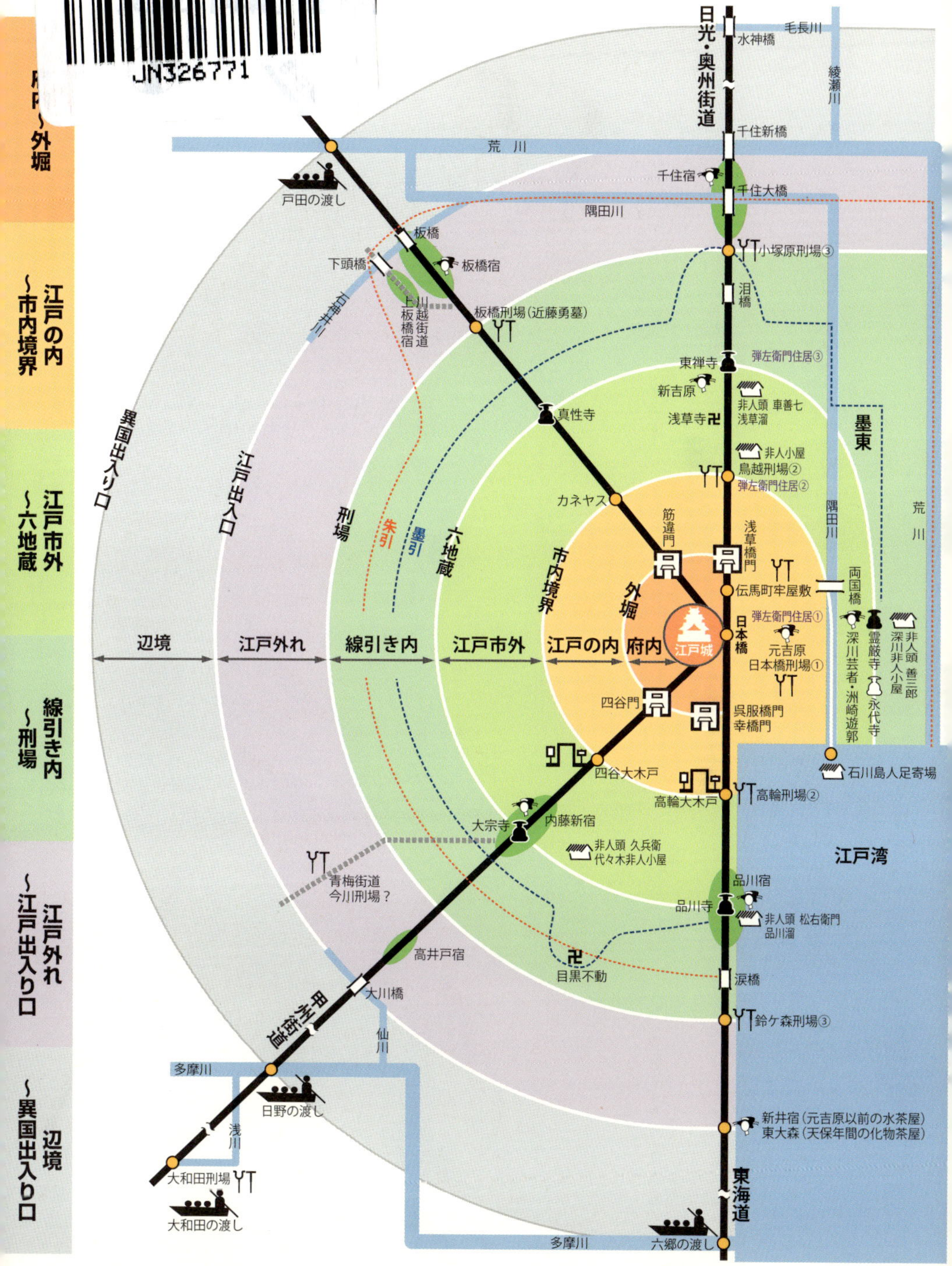

＊年輪が広がると刑場も移動した。初めは①日本橋にあったものが、南北に分かれて→②高輪、鳥越→③鈴ケ森、小塚原と遠ざかる。同時に刑場の下働きや溜を管理する非人の小屋も追従している。非人頭は長吏頭 弾左衛門の配下である。その弾左衛門の居住地(穢多村)も時代を追って①日本橋→②鳥越→③浅草へと移される。しかし権力は彼らを必要としたため常に境界線上まで追いやりながらも排除をすることはない。

五街道
五街道旧道
JR
私鉄
宿場
旧海岸線
朱引線
墨引線
寺社
旧跡・墓石、石碑
大木戸、関
門（見附）
江戸六地蔵
刑場
非人小屋
遊郭
男色茶屋
N
甲州街道
中山道
奥州・日光街道
日光道中
東海道
板橋宿
千住宿
内藤新宿
品川宿
縁切榎
板橋
飯盛女
旧道
中板橋
上板橋宿
下頭橋
下板橋宿
川越街道旧道
川越街道
大山
環七通り
石神井川
板橋刑場
庚申塚
高岩寺
とげぬき地蔵
真性寺江戸六地蔵
巣鴨
駒込
大塚
池袋
埼京線
東十条
十条
王子稲荷
王子
上中里
尾久
田端
西日暮里
日暮里
三河島
常磐線
京成本線
荒川
隅田川
千住新橋
北千住
千住大橋
南千住
回向院
小塚原刑場
泪橋
東禅寺江戸六地蔵
新吉原
今戸神社
待乳山聖天
浅草寺
浅草
弾左衛門墓
綾瀬
綾瀬川
東武伊勢崎線
明治通り
根津神社
根津岡場所
寛永寺
鶯谷
上野
不忍池
湯島天神
御徒町
カネヤス
神田明神
秋葉原
鳥越刑場
浅草橋
両国
両国橋
回向院
錦糸町
亀戸
伝馬町牢屋敷
日本橋刑場
元吉原
小名木川
霊巌寺江戸六地蔵
永代寺江戸六地蔵
富岡八幡
深川芸者
洲崎遊郭
石川島人足寄場
神田川
飯田橋
水道橋
御茶ノ水
日本橋川
将門首塚
神田
東京
日本橋
呉服橋
鍛冶橋
有楽町
数寄屋橋
幸橋
新橋
内堀通り
外堀通り
市ヶ谷
四ッ谷
四谷大木戸
大宗寺六地蔵
新宿
代々木
千駄ヶ谷
信濃町
目白
高田馬場
新大久保
大久保
中央・総武線
中野
東中野
青梅街道
山手通り
京王線
原宿
渋谷
井の頭線
恵比寿
目黒
目黒不動
五反田
目黒川
大崎
増上寺
浜松町
渋谷川（古川）
札の辻
田町
高輪大木戸
高輪刑場
品川
北品川
品川寺江戸六地蔵
青物横丁
大井町
旧道
立会川
涙橋（浜川橋）
鈴ヶ森刑場
京浜東北線
大森
大森海岸
磐井神社
京急本線
本門寺
新井宿
（元吉原以前の水茶屋）
洗足池
多摩川
呑川
蒲田

五街道と朱引き線

旧街道ごとにたどる大都市の「境界」

東京の「年輪」発掘散歩

都市が成長すると境界線が広がる。その年輪には足跡が残る。それは世間《せけん》話であり、地蔵・閻魔・馬頭観音などの大衆仏であり、遊郭跡と処刑場跡であり、日常圏外に追いやられた被差別民の生活臭である。

その多くは旧街道筋や宿場に集中している。

『北齋漫画・十二編』より

『江戸名所図会・巻之五・御厩河岸渡』より

はじめに――東京・江戸の年輪は光と闇の交差点

「江戸・東京の境界線」をテーマに東京を探索することになった。地理的な境界線は地図を見れば明らかである。それに沿って二十三区と山の手の境界線を歩いても良いし、過去・現在の川筋や海岸線を歩いても良いかもしれない。それなりでそこそこの「○○を歩く」という案内書はできるだろう。

しかしおもしろくない。江戸・東京の境界をどこに定めるかという視線の行方《ゆくえ》がポイントだろう。人々の生活臭を吸い込みながら膨張し続けた都市の成長線、権力に押さえ込まれた人々が吐き出す悲哀が堆積した年輪を探し出す。これならおもしろそうだ。

「むかしむかし日本橋に処刑場と賤民部落がありました」「宿場には飯盛女（遊女）がいて客の袖をちぎれんばかりに引いておりました」「村はずれならぬ都市のはずれには大きなお地蔵さんが座っていました」「病に悩む人々は病院代わりに小さな祠を建てて祈っておりました」「まだ海だった日比谷入江の対岸に、京の都から将門の首が飛んできて落ちました」「浅草寺前の海で、小さな黄金の観音さまが漁師の網にかかりました。捨てても捨ててもかかりました」「悪い狸があちらこちらで人々を騙しておりました」

東京には、そんな時代があった。時代は人々の生活圏とともに広がっていった。都市では死に絶えた話が田舎ではまだ生き残っているという意味である。その広がり続ける時間が刻んだ年輪こそ筆者が見極めたい都市の境界である。

では具体的にどこから歩くか。地図を広げると一目瞭然。今の皇居が江戸時代から現在に至るまで江戸・東京の核である。そこから螺旋状に堀（濠）が渦を巻いている。それは大地を削り川の流れを変え、入り江を埋め立てた結果、出現した大都市の最初の境界である。じつはその堀の渦の突端に日本橋があるのだ。そこから五街道が放射状に延びている。

そこで江戸の原初生活圏の境界「外堀」を巡り、その突端の日本橋から各街道を探索することにした。街道には膨張し続けた都市の成長線・年輪の痕跡が残っているはずだ。

都市にはもうひとつ別の境界がある。すなわち「この世とあの世」「日常空間と異界」との断層である。それは人の心の中に生じるから都市が闇に包まれると生活圏のあちらこちらで口を開く。日本には古代から物の怪《け》が跋扈していた歴史があるから江戸庶民も現代人も妖怪や超常現象が大好きだ。しかし誠に残念だが本書ではそこまで書ききれなかった。勝手ながら続編『東京「異界」発掘散歩』をお待ちいただきたい。

目次

●本書では『新訂 江戸名所図会』（校訂：市古夏生・鈴木健一／ちくま学芸文庫）や『新編武蔵風土記稿』（校訂：蘆田伊人／補訂：根本誠二／雄山閣）などの文献や挿絵を多数引用しています。その場合、原本に興味を持たれた読者が容易に検索できるよう、たとえば『江戸名所図会・巻之一・筋違八ツ小路』のように巻、項目・条目を記載しています。煩わしく感じられる場合はご容赦ください。
●本書では名所旧跡、グルメのご案内はしていません。ご紹介しているのは庶民レベルでの世間話や、いつ誰にでも観賞できる石仏などです。

続編予告

東京「異界」発掘散歩

元吉原から新吉原へ
家康に掛け合った男／遊女の幽霊／もう一件の投込寺と高尾大夫／ほか

江戸の空を覆う将門の怨霊
俵藤太との境界争い／将門の伝説を巡る／将門と坂東気質／ほか

東京・江戸の河原
浅草観音は誰が見た／梅若伝説／江戸の果ての渡し場巡り／ほか

隅東（深川・本所・向島）
江戸の川向こう／新本所七不思議巡り／江戸川沿に並ぶ富士山／ほか

異神信仰と狐狸奇譚
東京・江戸の冥界／江戸の異神たち／五色不動の謎／ほか

内堀の坂下門外観（上）と田安門の内側（下）。
本書で解説する外堀ではないが、見附の様子がよくわかる。田安門の場合は写真正面の門から入って手前左側（こちらにも門がある）を直角に曲がって通過することになる。カメラの後方と右側も石垣に囲まれており、左側の門を通らなければ城内には入れない。いわゆる枡形の見附である。

第一章 年輪の核を探る

江戸府内の境界線

江戸の名付け親
桓武平氏・江戸太郎の登場

江戸の基礎を築いた
太田道灌の築城

大都市の基礎を築いた
徳川家康の大普請

はじめの江戸の境界
江戸城外堀

江戸の成長線跡を探す
日本橋から五街道へ

かつての東京は低地だった。土地が低いから流れ込む無数の細流が汐も奥まで入り込んだ。現在の東京都区内の東半分はそのような淡水・海水の入り交じる葦《あし》原だったのだ。

漁村が点在する地に初めて館を築いたのが桓武平氏の末流・平重継《しげつぐ》・重長《しげなが》（江戸太郎）親子である。彼らの一族は秩父から川に沿って進出してきたのだ。彼らはこの巨大な河口を「江の戸」と名付け自らも江戸氏を名乗った。

やがて鎌倉から扇谷上杉氏の太田道灌が関東に進出、平城《ひらじろ》が築かれ城下町が整備された。

しかし私たちがイメージする江戸は徳川家康が将軍になってからである。全国の大名に普請させ、莫大な財と人をつぎ込ませ、わずか数十年で大都会の基礎を造り上げた。その最初の都市の年輪こそ江戸城外堀なのである。

江戸の基礎ができるまで

東京・江戸の範囲

東京の範囲とはどこからどこまでだろう。東京都区内と都下の区分は地図上では一目瞭然だが、イメージとしての東京となると漠然としていて行政上の番地だけで割り切れるものではない。

それでも江戸（御府内）の範囲が決められたことが一度だけある。それも江戸時代後期の文政元（一八一八）年のことで、江戸の見取図に朱線を引いたことから御府内のことを朱引内《しゅびきない》と称した。東は荒川の内側、北は千住と板橋、西と南は、ほぼ山手線に沿った範囲で新宿・品川まで。

ただ、ややこしいことに町奉行の支配範囲をしめす墨引内《すみびきない》という範囲もあり、こちらは一部を除き朱引内より一回り狭い。どちらにしてもあまり厳密なものではなかった。

しかし都心という言葉にこだわって地域をどんどん狭めていくと、環状7号線や明治通り、山手線の内と外、最終的には外堀通り周辺まで絞り込める。

外堀とは江戸城の内郭と城下町を取り巻くようにして今の神田川の一部などを利用しながら掘られた延長約十四キロメートルの水壕のことで、JR市ケ谷駅からお茶の水駅の間で車窓から見られる。今は牛込見附から赤坂見附までの約四キロメートルが史跡指定されている。ただ、神田川と日本橋川に挟まれた神田地域に掘はない。

この外堀に沿うようにして走る外堀通りの内側がいわゆる最初の御府内《ごふない》＝江戸の城下町とよばれる地域だった。この境界を監視していたのが以下に紹介する外堀に築かれた門と見附である。

じつは江戸の市街地は十七世紀半ば頃は江戸城の内堀（内郭）から二キロメートル程度の範囲しかなかった。江戸重長《しげなが》（江戸太郎）や太田道灌《どうかん》（資長《すけなが》または持資《もちすけ》）、それに続く上杉家や後北条家の家臣が城主だった時代の江戸城は私たちのイメージする立派な石垣や天守閣のない、ちっぽけな平城《ひらじろ》（館《やかた》を兼ねた砦《とりで》）だった。

慶長八（一六〇三）年、徳川家康が征夷大将軍に任ぜられると江戸市街の首都造りが始まる。神田山を崩し、川筋を変え、日比谷の入江を埋立て、縦横に水路を掘り、同時に排水して三十四町を新設した。動員された大名は七十家、人夫は三～四万人に上ったというから日本中から人力が動員されたのである。この時期に日本橋も架けられている。

　外堀の開削が着手されたのは寛永十三（一六三六）年で、同時期に御門（城門）と堀に渡す橋の築造も開始されている。御門の形式は主に枡形で門内に入ると直進できないようになっている。ここに護衛や見張りのための番士詰所が置かれると見附とよばれる。番士は五千石以上の旗本が三年間の勤番制で受け持った。

　その約百年後、市街は江戸城から約五キロメートルの範囲まで膨張し、人口は百万を超え、江戸は世界屈指の大都市となった。

　現在の人口は千三百二十万余までになっているが大東京の中心は今でも依然として江戸城（皇居）と、日本国道路元標のある日本橋である。

　第一章では、外堀の見附跡を浅草橋から常盤橋まで巡り、日本橋までの順路を探索してみる。内堀と江戸城の紹介は本書の主旨ではないので別の機会に譲りたい。

都市が形成されるまで

　武蔵野台地から湧き出る水が海水と混ざり合う湿原に確かな名を与えたのは平重継《しげつぐ》・重長《しげなが》父子といわれる。彼らこそが現在の江戸城に最初に館を築いた人物とされ、後に江戸氏を名乗る。ゆえに重長は江戸太郎ともよばれた。

　江戸氏は平安中期に関東地方に土着した桓武天皇の末流で板東《ばんどう》八平氏の一つ、秩父氏から出ている。板東八平氏とは江戸氏の兄弟である葛西氏、豊島氏、畠山氏、川越氏などの秩父氏一族や千葉氏、三浦氏、上総氏など、そのまま関東各地の地名としても残ってい

→世田谷区喜多見４丁目・慶元寺にある江戸氏の墓所。江戸氏始祖四郎重継は文治元（1185）年10月23日、当寺開基の太郎は嘉禄元（1225）年８月12日没とある。太郎の像は山門手前にある。鷹揚でゆったりした表情をしている

る氏族が多いことからも、その存在の程がわかる。

江戸氏はその後、伊豆で兵を挙げた源氏の頼朝《よりとも》に一時期は敵対するが結果的には頼朝から武蔵の総検校《けんぎょう》職という地位を与えられる。しかし室町中期には勢力を弱め、世田谷の喜多見へ移り喜多見氏を名乗った。それでも江戸という地名を残したのである。

次にこの地に入り館を築いたのは鎌倉の扇谷《おうぎがやつ》上杉家筆頭の重臣・太田道灌（資長《すけなが》または持資《もちすけ》）である。それまで道灌は荏原《えばら》郡品川の御殿山に館を構えていたというが、最終的に夢のお告げによって江戸に進出したらしい。そのほうが話が面白いが、主君の扇谷上杉に対立する北関東の足利成氏《しげうじ》（古河《こが》公方《くぼう》）に備えるためであった。長禄元（一四五七）年のことである。

その時点でも江戸には千代田、宝田、祝田の三村しかなかったというが、それを聞いた道灌はめでたい名だと喜んだという。

道灌は築城の名人ではあったが、それは前述したように見上げるような石垣や天守閣が聳《そび》える城ではなく、関東では代表的な平城《ひらじろ》であった。規模はほぼ現在の皇居東御苑にあたり、皇居全体の五〜十分の一程度の広さしかなかったという。しかし城下町は作られ、鎌倉から武器職人、革職人なども連れてきていた。後述する長吏《ちょうり》（穢多《えた》）とよばれる人々である。

しかし道灌といえども家臣クラスの一武将だから城の規模から推定すると兵力は千人以下だったといわれている。百年後の天正十八（一五九〇）年八月に秀吉に命じられ、三河から移封されて入城した徳川家康があきれ嘆いたほど貧弱で時代遅れの城だったという。

↑葛飾北斎『北斎漫画』の道灌像
→日暮里駅前の太田道灌像

関西で主流になっていた鉄砲や大筒を使う戦《いくさ》には対応できない環境だった。入城時の家康の先発隊は僅か八千だったが、それでも江戸城は狭すぎた。

そこで家康は手始めに飲料水確保のため小さな川が合流していた千鳥ヶ淵と牛ヶ淵を突貫工事で堰止めて貯水池とした。同時にその場所（局《つぼね》沢）にあった十六の寺院を周辺に移転させている。

当時、城下の大部分は湿地だったため道三堀などの運河を開削して排水を行なうと同時に水運路を確保し、残土は埋立に使用した。

ところで前述十六の寺院は明暦大火以降、さらに外側へ移転させられるのだが、その度に寺院は大慌てで上物《うわもの》だけを移転せざるを得なく、その墓地跡には大量の人骨が残されることになる。当時の寺院はほとんど死体処理場を兼ねていたから、この時置き去りにされた骨は、つい最近まで地下鉄工事やビル工事の現場からよく発見された。江戸城内からも出ている。一度骨が出ると検証のため長期間にわたり工事が中断されてしまい、その間の費用は発注者負担になる。それに懲りたといっては語弊があるが、工事関係者は特に土を掘る現場を鉄板の壁で覆い隠すようになったといわれる。

話が逸れたが、これらの一連の治水事業と埋立事業が巨大都市東京のはじめの胎動であった。

また、ご存じのように江戸時代には度々の大火や大地震などの災害に見舞われ、特に明暦の大火では壊滅的な被害を被るが、その度に新たな都市計画の下に飛躍的に成長し、賑わいは倍加している。

江戸が帝都、東京と変わっても首都としての機能は維持された。明治維新の都市再編成、大正の大震災、東京を焼き尽くしたアメリカ軍の無差別大空襲にも生き残り、最終的に昭和三十九（一九六四）年に開催された東京オリンピックが現在の東京の姿を決定したように見える。

都市膨張の痕跡には闇がある

しかし、五百年にわたるこれだけの大変動の中にもなお、巨大都市の成長線はかすかな痕跡を幾重にもとどめている。本書ではその年輪を内側から一つずつ辿《たど》っていこうと思う。

大東京の中心、外堀の御門（見附）巡りからスタートして、日本橋から伸びる街道上の遺跡「大木戸」「六地蔵」、年輪と旧街道が交差する「宿場」や「刑場」などを発掘散歩する。

特に刑場は権力と都市生活を維持するために罪人を処刑するという機能以

外にも、府内に入る人々への見せしめを兼ねた風紀の粛正には欠かせない施設だった。

　当初の刑場は、まだ府内の外だった日本橋から南北二カ所に分かれて設置され、数回にわたって年輪上を移動している。最終的に北は小塚原、南は鈴ケ森で落ち着く。刑場で下働きをした非人の小屋も奉行所から土地を与えられ一緒に移動した。

　非人小屋に限らず、じつは都市の年輪上は歴史の表舞台には登場しない最下層の人々（被差別民・賤民）が集められた場所でもあった。彼らは都市の成長に伴って良民の生活圏外に移動させられている。

　士農工商以下の身分には弾左衛門を頭《かしら》とする穢多《えた》（長吏《ちょうり》）、仁太夫を頭とする乞胸《ごうむね》、弾左衛門の支配下に置かれていた非人《ひにん》などがあり、その非人には四人の頭がいた（年輪概念図参照）。よく穢多・非人と総称されるが、穢多はもともと武具に必要な革加工などの特殊な技術職に就いているうえ、灯心などの専売の権利も持っていた。

　対して非人は職業に就くことを許されていない。彼らは宗門人別帳（戸籍）から抹消されたか、記載されていない非良民だからである。定住しているゆえに年貢を徴収できる良民に対して賤民とよばれたのである。

　しかし非人頭配下の者は門付けなどで生活をする以外にも河川の掃除や刑場の下働き、罪人探索、行き倒れの遺体処理などをした。ちなみに正月の華である鳥追いは非人の妻や娘である。また、乞胸とは芸を見せて物貰いをする人々であるが非人ではない。

　以上、彼らの足跡もまた膨張する都市の年輪を色濃く形成している。

　しかし、視点を変えれば弾左衛門を頂点とする裏世界もまた、奉行所公認のひとつの利権体制であった。

　また歌舞伎、浄瑠璃などの芸人も活動の場を限定された。さらに公認遊郭の遊女や飯盛女《めしもりおんな》（食売女《めしうり》）なども良民の生活圏外、つまり吉原や宿場に集められたのである。

＊文中には職業・身分の貴賤に関する用語が含まれていますが、本書の主旨と正しい歴史認識に必要と判断したためです。

最初の年輪・外堀と見附

浅草橋見附

地図P.16

所在地は中央区日本橋馬喰町二丁目。浅草橋の南詰め西側にあったが今は北詰め西側に小さな広場があり、そこに「浅草見附跡」の碑が立つ。

『江戸名所図会・巻之一・浅草橋』に「神田川の下流、浅草御門の入口に架《わた》す。このところにも御高札《こうさつ》を建てらる。馬喰《ばくろう》町より浅草への出口にして、千住への官道なり。この東の大川口にかかるを柳橋と号《なづ》く。柳原堤《つつみ》の末にあるゆゑに名とするとぞ」と紹介されている。万治《まんじ》二（一六五九）年から護衛のための番士詰所が置かれ見附（見張り場所）となった。

江戸当初は、この見附を出ると浅草寺辺まで民家はなかったという。

筋違《すじかい》橋見附（神田の見附）

地図P.16

所在地は千代田区神田須田町一〜二丁目。万世橋の少し上流にあたる。門の前には筋違橋があった。この橋は神田川に対し直角ではなく斜めに渡していたというのが橋名の由来とされる。

『江戸名所図会・巻之一・筋違橋』に「須田町より下谷《したや》への出口にして神田川に架《わた》す。御門ありて、このところにも御高札を建てらる。この前の大路を八ツ小路《こうじ》の辻と字《あざな》す。昌平橋は、これより西の方《かた》に並ぶ。云々」とあり、挿絵の右端に昌平橋も描かれている。

門前は広小路になっていて、神田、日本橋方面からの道路がここに集まり八方に通じていたため八ツ小路とよばれた。今の神田郵便局から住友不動産

↑浅草見附跡碑
→明治４年の浅草橋門『旧江戸城写真帖』東京国立博物館所蔵

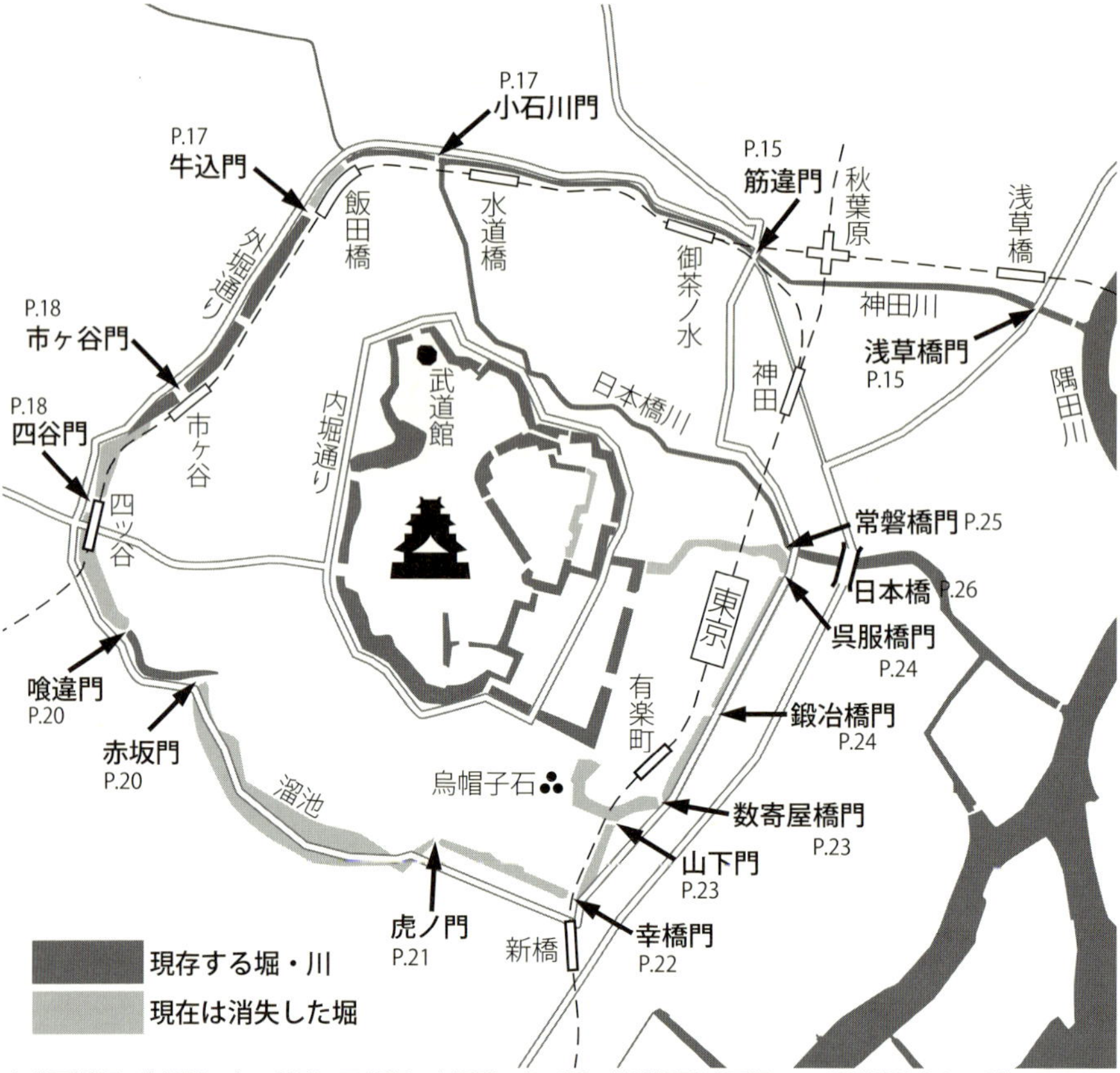

↑小石川門、牛込門、市ヶ谷門、四谷門、赤坂門、虎ノ門、常磐橋門は石垣の一部が遺跡として残っている。また、日比谷公園の南端・内幸町交番の裏には市ヶ谷門で使われていた烏帽子石が保存されている。御茶ノ水から市ヶ谷にかけては電車の車窓からも外堀と神田川が望める

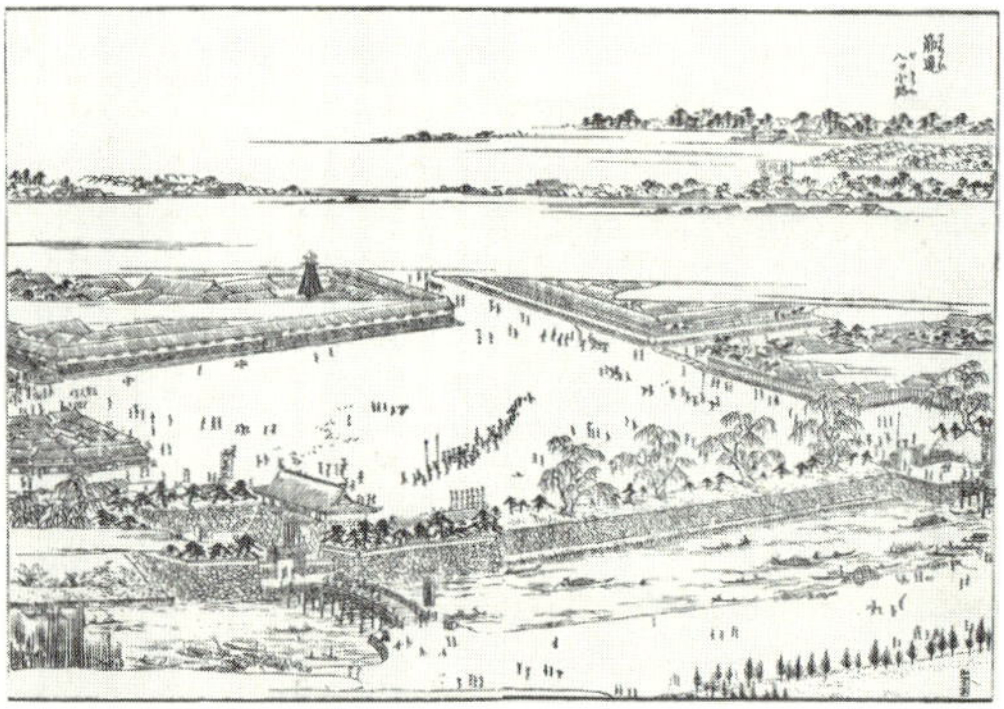

↑川の手前が筋違橋。右端に昌平橋の一部が見える。昌平橋に比べると、筋違橋は多少斜めに架かっているようにも見える。『江戸名所図会・巻之一・筋違 八ツ小路』

ビルにかけての辺りと思われる。

近辺には中央線、総武線、丸ノ内線、千代田線、銀座線など多数の線路が交差するように走っているから、今でも交通の要所である。

現在は万世橋《まんせいばし》が筋違橋に代わっているが、初代の万世橋《よろずよばし》は筋違門の石を使って造られた。また筋違橋に使われ

ていた青銅の擬宝珠《ぎぼし》四個は弁慶堀に架かる弁慶橋（後述）に使われたというが今は交換されてしまったようだ。

小石川見附

地図P.16

所在地は千代田区飯田橋三丁目。水道橋駅の西口、東京ドームに渡る後楽橋の百メートルほど西に小石川橋が架かり、そこから日本橋川が分岐している。小石川御門と橋はこの辺りにあったようだ。

外堀通りに出るとすぐに住宅金融支援機構があり、その裏は水戸家の中屋敷（後に上屋敷）・後楽園の正門になる。ちなみにこの門の築地塀の石垣の一部は鍛冶橋門（後述）北側外堀跡から出土した石垣の石材を使っている。

小石川の由来は『江戸名所図会・巻之四・小石川』に「水道橋より外、白山のあたりまでの惣名《そうみょう》なり。昔は小石の多き細流数条ながれしゆゑに、かく号《なづ》くるとも。また、このところに加州石川郡の白山の神祠鎮座のゆゑならんといひ伝ふれども、詳《つまび》らかならず。云々」とある。

牛込見附（紅葉門）

地図P.16

牛込の名は、この一帯が古代には武蔵野の牧場で牛を多く放牧飼育していたことから付けられたといわれる。

所在地は千代田区富士見二丁目。かつて門の辺りに楓《かえで》があったゆえの別名。飯田橋駅西口を出れば、そこはすでに牛込橋の上、早稲田通りだ。左手に通りを挟んで牛込見附の石垣が見える。かつては早稲田通りを遮るように行く手の正面にも石垣があったことになるが、江戸城の外堀を護る見附の中では最も美しく残されている。

今は番士詰所の代わりに交番がある。

↑後楽園橋から見た小石川橋。門は左、後楽園は右になる

↑万世橋より望む昌平橋。その手前に、かつて筋違橋が架かっていた

交番の横には工事を担当した松平忠英阿波守（阿波徳島藩主蜂須賀忠英）の銘が刻まれた石がゴロリと横たわっている（保存されている）。

　ここは田安門を起点とする上州道の出入り口だった。門を出て外堀通りを渡ると神楽坂である。その新宿区側には橋台の石垣も残っている。また、日比谷公園の亀石もここにあったものだ。

市谷見附（桜の御門）

地図P.16

　所在は千代田区五番町。市ヶ谷橋の南詰めにあり、美作津山藩が築いた。門の別名は近くに桜の木があったからで上記紅葉門と春秋一対の景色となっていたという。

　橋を渡ってすぐの丘の上に亀岡《かめがおか》八幡宮がある（鶴岡八幡宮から勧請したので亀にしたといわれる）。その高い石段の脇に時の鐘があった。それが昼七ツ（午後四時頃）を打つと門を閉めたというから他の門に比べてもだいぶ早かったらしい。

　市ヶ谷駅前交番の裏に門の基礎になった石が置いてある。また、橋のたもとにある釣り堀（市ヶ谷フィッシュセンター）前の駐車場の石垣には工事を担当した大名や石工などが刻印を付けた石が多く組み込まれている。

　ところで日比谷公園・内幸町交差点交番の裏に烏帽子《えぼし》石とよばれる大きな石があるが、これも市谷見附のものだ。意味不明なオブジェより断然良い。

　市ヶ谷橋は二重構造の土橋で、ここには水門が付けられており、左右の堀の水位を調節するようになっている。

四谷見附（外麹町口、山手御門）

地図P.16

　所在地は千代田区麹町六丁目のJR四谷駅構内の北あたり、橋名は新四谷見附橋である。長門萩藩毛利家によって築かれた。見附の南北にあった堀は埋め立てられ、北側は外濠公園やテニスコートなど。南側は真田濠だったが今は上智大に貸与され、グラウンドとなっている。

　地下鉄丸ノ内線四谷駅はかつての堀の上にあたるが地上にある。この場所はもともと高度があるため堀は十九メートルも掘り下げられているのだ。それでも堀の水深を保つため弁慶濠や真田濠は神田川につながる牛込門東側より水面が二十メートルも高かった。水面の高さは各見附門の土橋に造られた堰（水門）で調節されていた。

　外濠公園や四谷駅麹町口の駅前広場には丁寧な解説板が置いてある。とくに駅前広場には黒色タイルで枡形門の形をイメージしやすいような工夫がなされている。

↑美しい牛込見附跡の石垣　↗宇宙文字といわれるが「英阿波守（刻印）」と読める　→石垣の前には現在の番士詰所

↑市ヶ谷見附の基礎石は駅前交番の裏に
↓釣り堀前の石垣と刻印の一つ

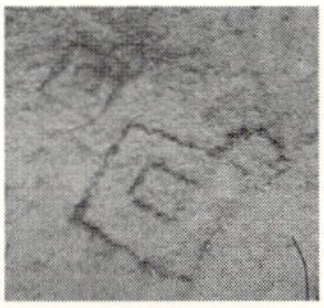

↑市ヶ谷駅のホームから望む市ヶ谷橋。橋の手前と向こうでは濠の水面の高さが異なる

↑内幸町交差点交番裏（日比谷公園）にある烏帽子石は市谷見附で使われていた石だ
←四谷見附跡

喰違《くいちがい》見附

地図
P.16

所在は千代田区紀尾井町。他の御門のように枡形になっておらず冠《かぶ》木《き》門《もん》（冠木を渡した屋根のない門）だった。堀に架かる橋は喰違土橋である。

紀伊国坂から入ると右手に弁慶堀、左手に上智大のグラウンドを見下ろす。外堀の中では最も高い場所にある。この一帯から江戸城にかけての麹町や紀尾井町辺りは水が湧いていたため、弁慶濠や今はない溜池には美しい水がたっぷり湛えられていたという。

喰い違いとは、ここでは鍵型（クランク状）に曲がっている道のことをいう。敵の侵入を阻止するための工夫だが、他の石垣を築いた御門とは異なり、土塁であった。構築も慶長十七（一六一二）年と他にくらべて早い。現在は車両が通行しやすいように喰違はS字型に変えられている。

前を走る紀伊国坂は交通量も多いし御用地や迎賓館があるせいか警備も厳しい。ところがこの坂はラフカディオ・ハーン（小泉八雲）の怪談「むじな（のっぺらぼう）」の舞台になった場所だし、喰違周辺は首縊りの名所だったという。悪狸が棲みついて人を化かしていても不思議ではない程、物凄く寂しい場所だったのである。

赤坂見附

地図
P.16

所在は千代田区紀尾井町一丁目。筑前福岡藩黒田家によって築かれた。

ここは三軒茶屋、二子玉川を経由して大山詣でをする大山街道（今の青山通り）の原点である。

西の弁慶堀と南東の溜池との水位を調整する水門もあった。切絵図を見る限りでは橋というより堤のような形状

↑上智大のグラウンドは、かつての真田濠跡

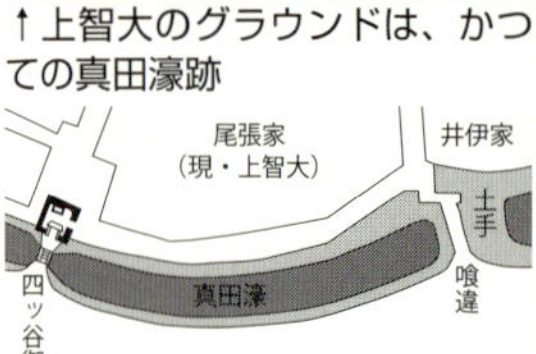

↑喰違門は紀伊国坂から紀尾井坂に入る場所にあった。今はＳ字カーブになっているが正面や左に土塁の跡が残っている
←当時のの枡形門と喰違門

↑喰違門跡から望む弁慶濠。反対側は上智大のグラウンド。かなり高い

だ。弁慶橋から見ると、ちょうど三宅坂ジャンクション（千代田トンネル）の出入り口上にあたる。近くで見ても他の見附跡と大差はないが、おしゃれな街「赤坂見附」の名の由来が、この古い門の名だと思うと興味深い。

　ところで前述した弁慶橋の擬宝珠《ぎぼし》は八個ある。すでに当時の筋違橋ものではないとしても、なかなか立派に見えてくるからおもしろい。

　一方の溜池は、今は地名しか残っていないが赤坂見附から虎ノ門にかけて南東に長さ一・四キロメートル幅約五十～二百メートルある細長い堀だった。下膨れ状なので、ひょうたん池ともよばれていた。桜田堀を一回り大きくし、外側に配置したような感じだ。外堀通りの赤坂見附→山王下→溜池→虎ノ門の部分に当たる。

虎ノ門見附

地図 P.16

町名としての虎ノ門は港区に属するが見附の所在地は千代田区霞が関一丁目になる。御門は桜田通りが港区に入る辺りにあった。文部科学省ビルの中庭や虎ノ門駅構内の「江戸城外堀跡地下展示室（出口11）」には詳しい解説パネルが並び、堀の歴史や石垣の工法などについて参考になる。水は溜池から引いていた。

　ここから新橋駅に向かう外堀通り周辺はかつての外堀だったが一直線にしないよう、出たり入ったりの折邪《おりひずみ》にしていたという。

　門名の由来はいくつかあり

・門内の日向《ひゅうが》守内藤家の上屋敷に「虎の尾」という見事な匂い桜があった（かつては虎の尾門といったが後に省略して虎の門となった）

↑虎ノ門駅構内には地下展示室がある

↑文部科学省中庭の石垣。右の壁に解説パネルが並んでいる

↑赤坂見附跡の石垣。ここも高い場所にある

→弁慶橋。擬宝珠が橋の左通に合計８個ある

・江戸城の大手門を正面の朱雀《すざく》とすれば虎ノ門は右手に当たる白虎《びゃっこ》だから
・「千里ゆくとも無事にて千里を帰る」といわれる虎にちなんだ（太田道灌が名付けたという）
・朝鮮から虎を連れてきた際、巨大な檻を通すため門柱を広げたから（この門が一番幅が広く、ここからしか入らなかったので名がついたとも）

などである。

白虎説は一番もっともらしいが、白虎は本来、西方の守護神である。虎ノ門は江戸城の南に当たるので、この説だと反時計回りに90度もずれる。そのうえ他の門に四神（青龍、朱雀、白虎、玄武でそれぞれ東西南北の守護神）の名が見られないのも納得がいかない。紅葉門や桜の御門の例もあるから方角や動物の虎より、植物名に由来しているとしたほうが無難か。

幸橋見附（御成橋門）

地図P.16

千代田区内幸町一丁目の南端、第一ホテル東京の前あたりに門があったといわれるが、跡は全く残っていない。肥後熊本藩主細川家が築いた。

千代田区内幸町とは幸橋の内側という意味だ。この辺りの旧武家地を幸橋《さいわいばし》内《うち》とよんでいた。御門の外は二葉町という地名だったが、寛文年間（一六六一～七二）までは幸町とよばれており、それゆえに名付けられたという。また、この門は将軍が増上寺に参詣するための道筋に当たるため御成橋門ともよばれた。

高速道路下にある新幸橋の碑は昭和元（一九二六）年に造られた橋のもの。周辺の土橋、新橋などの名はここを流れていた汐留川（外濠を兼ねた水路）に架かっていた橋名に由来する。

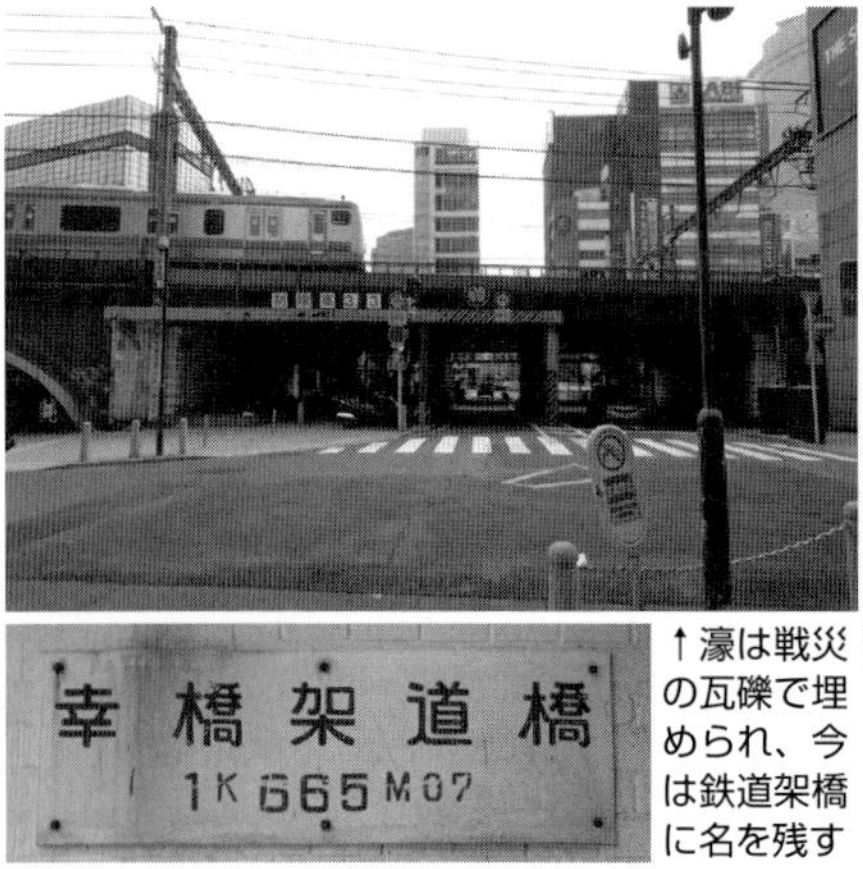

↑濠は戦災の瓦礫で埋められ、今は鉄道架橋に名を残す

↑明治４年の幸橋見附『旧江戸城写真帖』東京国立博物館所蔵。典型的な枡形門で、正面に高麗門、左に渡櫓（わたりやぐら）が見える。渡櫓の下にも門があるので、幸橋見附の場合は左折して城内に入る

山下見附（姫御門）

地図 P.16

　有楽町駅日比谷口から線路沿いに三百メートルほど南下した帝国ホテル近くにあった見附で幸橋と同じ肥後熊本藩主細川家が築いた。

　ここの門は、かつて山王社（日枝神社）の山下にあったものを移したため門名の由来となった。別名の由来は、いわゆる江戸城三十六見附の中では一番小さな門だったというところからか。喰違小枡形ともよばれた。

　それでも明治の写真を見る限りでは確かに渡り櫓《やぐら》（門扉の上の開かない部分）はなさそうだが、しっかりと石垣も築かれており貧弱には見えない。

　内濠と外濠がＹの字形に繋がるポイントにあったのだが現在は周囲に何も残っておらず、銀座西五丁目に向かうガード下にその名が見えるだけだ。幸橋同様、JRの架橋下に「山下橋架道橋（山下橋ガード）」のプレートが貼ってある。有楽町～新橋間のガード下には飲み屋が連なり、昭和の雰囲気がたっぷり残っていて懐かしいが、最近は小ジャレた店も増えてきた。

数寄屋橋見附（旧芝口門）

地図 P.16

　山下橋からわずか三百メートルほどの距離にある。有楽町を代表する交差点であり駅前公園としてもその名が知られているが、ここに見附があったことを知る人は少ない。仙台藩主伊達政宗が築いた。

　かつてここに架かる橋（ただし大正時代に架けられた石橋）を舞台にしたドラマ「君の名は」が大ヒットした。

　数寄屋とは茶室のことで地名の由来は江戸初期に織田信長の弟で茶人の織田有楽斎《うらくさい》が屋敷を拝領し、多くの数寄

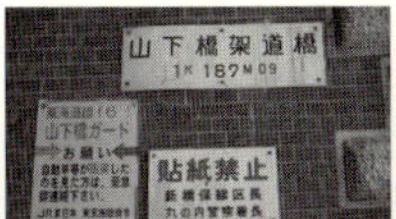

→山下橋架道橋下のプレート

↓数寄屋橋公園の前から見た数寄屋橋の架かっていた周辺

↑明治４年の山下見附『旧江戸城写真帖』東京国立博物館所蔵。濠の蓮が印象的

屋を造ったからとも、茶坊主衆（御数寄屋坊主）の屋敷があったためともいわれる。一般には有楽町は彼の名に由来するといわれている。

　堀は高速道路の下にあったというから、見附はその皇居側つまりマリオンの前辺りにあったということになる。その門内には南町奉行所があった。

鍛冶橋見附

地図 P.16

所在は千代田区丸の内三丁目。鍛冶橋は東京国際フォーラムの北側に架かっていた。東京駅八重洲口の南端にあたる。高速道路や外堀通りの下が堀だったが戦災の瓦礫で埋め立てられた。今は鍛冶橋交差点に説明板が立っているのみである。しかしここから隅田川に向け永代通りに合流するまでの約二キロメートルの道は鍛冶橋通りと名付けられている。


見附は東北の諸侯によって築かれ、一万石以上の外様大名が一年ずつ警備を担当した。門には鉄砲十丁、長柄十筋、弓などの武器が備えられていたという。写真でも多少様子が窺えるが枡形が濠の中にせり出す外枡形という形で、しかも高麗門と渡り櫓門が平行（多くは直角）に設置され、門内を90度に曲がって通行するのではなく、鉤形の喰違いに通る形式だったという。

　橋名は門前の町名から付けられたというが、現在の神田鍛冶町とは大分離れている。切絵図でも、こちらにはわずかに南鍛冶町の名が見えるだけだ。

呉服橋見附（後藤橋）

地図 P.16

所在は千代田区丸の内一丁目。東京駅八重洲口の北端にあたる。門前に呉服町があり、呉服師・後藤縫之助の屋敷があった。今は交差点名が残るのみ

↑明治４年の鍛冶橋見附『旧江戸城写真帖』東京国立博物館所蔵。門は外枡形

↑右の写真とほぼ同じ位置から撮った写真。今ではかつての堀の上を新幹線が走る

だが明治元（一八六八）年十月十三日、明治天皇が入城するときにこの橋を通った。大手門に直結している橋だから永代通りをくれば当然ではある。門内には北町奉行所があった。

常盤橋見附（浅草口橋）

地図 P.16

所在は千代田区大手町二丁目。久しぶりに見る川は小石川見附から流れてきた日本橋川。じつは常盤橋は二本並んであり、見附の石垣から延びているのが常磐橋でこれが本命。すぐ下流の車も通る橋は常盤橋。そのうえ上流には新常盤橋まであってややこしい。

西詰の常盤橋公園には見附の石垣が残っている。見附は東北の諸侯によって築かれた。しかし東日本大震災で石垣がズレたらしく平成二十五年現在、橋と共に大規模修復中である。

『江戸名所図会・巻之一・常盤橋』によれば橋名の由来は「金葉集（十二世紀の勅撰集）に〔色かへぬ松によそへてあづま路の常盤の橋にかかる藤波〕といへる古歌の意《こころ》を、松平の御称号にとりまじへ、御代を賀し奉りての号なりといへり」とあり、また慶長十二（一六〇七）年の絵図には「浅草口橋としるせり」とも紹介している。また、常盤では皿が割れるので、わざわざ石にして常磐の文字に変えたという因縁話が残っている。

橋の東詰北側には高札が立てられていたというから、そこの場所は今の日本銀行本店の前あたりだ。

さてこのまま神田橋、一《ひとつ》橋と門を辿っていくと外堀の続きとはいえ螺旋状に重なっていくため内堀に入ってしまい境界をたどる意味をなさない。

次はここから日本橋川を日本橋まで四百メートルほど下る。

↑常磐橋（明治10年架橋）も石垣ともに被害を受け、現在修復中

→呉服橋の交差点。右奥は東京駅八重洲北口になる

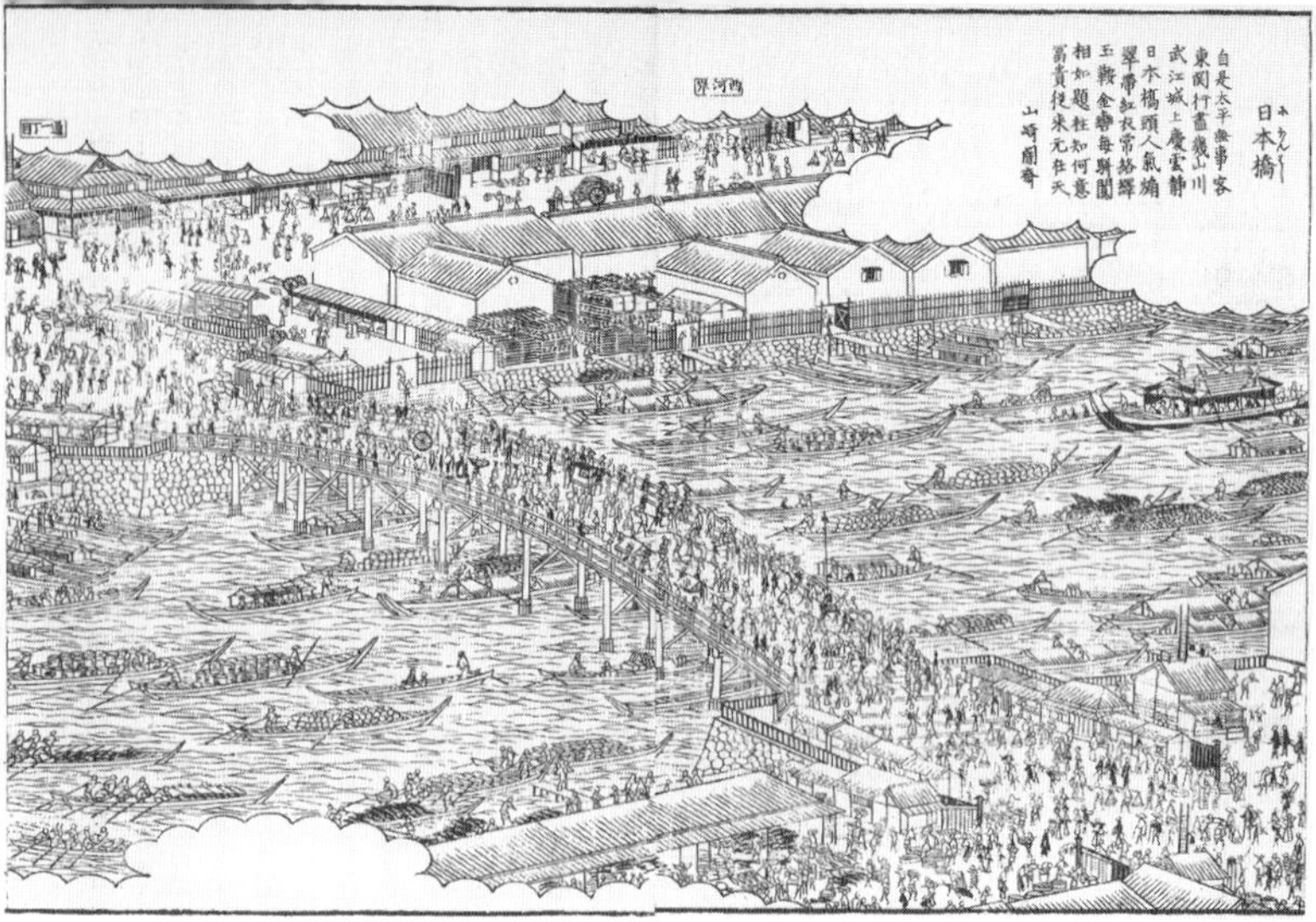

道路元標と日本橋周辺

お江戸の日本橋

地図 P.16

日本橋は慶長八（一六〇三）年に初めて架けられ、その翌年には里程《りてい》元《げん》標《ぴょう》（現在の日本国道路元標）が置かれ、街道と水運の起点と定められた。

稲垣史生《しせい》編の『江戸編年事典』に紹介された『慶長見聞集』によると「なぜ日本橋の名がついたかといえば、誰も特に名づけたわけではないが、諸人一同、期せずして日本橋と呼ぶに至った。まことにふしぎなことである」とある。

また少し長くなるが『游歴記』には「日本橋は海内に知らざる者なく、ましてやこの橋を以《もっ》て江戸首途《かどで》のはじまりとし、処々馬継の行程を定む。いはゆる品川へ二里、板橋へ三里、王子へ二里余、千住へ二里、四ツ谷追分二里、練馬三里半、行徳へ舟路三里、陸路三里等、ここより人馬の駄賃を定めらる。さてまた、御府内、東は浅草御見附へ十四町、北は神田筋違御見附へ十三町、西をかへりみれば御城へ行程十余町、且つ橋上には往来の四民、貴賤上下、男女老若、諸商人、馬車昼夜をわかたず、風雨といへども群集する様、諸国の名ある市日もいかでか及ばん。ことさら橋の四方の町町は豪家軒をつらね、分限富を競ひ問屋集ひ住み、金銀ここに集る。実に六十余州の繁昌をここに摂したれば、日本橋と名付けしもことわりと覚ゆ。また橋下には若干の舟船繋互し、漕ぐあり、泛《うか》びたのしめるあり、乗込むあり、乗出すあり、舟がかりするありて広き河中も見えざ

←現在の様子　↑高札場周辺の拡大図
『江戸名所図会・巻之一・日本橋』

るが如し。この東にならび掛けたるを江戸橋といへるも、古来江戸とさしていふは、この辺のことと見ゆ」とあり、まさに『江戸名所図会・巻之一・日本橋』の絵図そのままの様相である。

　五街道とは東海道、中山道、奥州街道、日光街道、甲州街道のことで、それぞれ日本橋から品川、板橋、千住、内藤新宿（内藤新宿ができるまでは高井戸）の最初の宿場へと延びる。

裏日本橋の高札場《こうさつば》と刑場

　このように多くの人々が往来するようになったので、幕府は橋の南詰西側に高札場を作った。ここに法度《はっと》、掟書、罪人の罪状などを板札に記して掲げたのである。現在は高札をイメージした解説板が建っている。

　同時に向かいの東側広場（現在、滝の広場や交番のある場所）に間口五間奥行き三尺の菰葺《こもぶ》き小屋を建て、晒《さら》しの刑場とした。主《あるじ》殺し、女犯僧、心中未遂の生き残りなどの罪人は首枷《かせ》をはめられ、あるいは半分ほど地中へ埋めた晒箱の穴から首だけ出して晒された。

　中でも鋸引《のこぎりびき》という刑罰は竹鋸をかたわらにおいて人々に鋸引を許すという残虐な刑だが、さすがに実行する者はいなかったようで、後に役人が形式的に竹鋸で傷をつけるだけだったという。磔《はりつけ》を申し渡された罪人は晒された後に小塚原か鈴ヶ森で処刑された。

　古川柳に「日本橋　馬鹿を尽した　さし向ひ」と詠われたのは心中未遂の男女が並べて晒された様子だ。また、「四日目は　乞食で通る　日本橋」とは三日間晒された後、非人身分に落される刑のこと。

　ちなみに晒場の見張り役も非人で、明け五つ刻（八時）から暮れ七つ刻（四時）までの間、お江戸日本橋は見せ締めのためにも利用されていたのである。

また、時代劇などでよく耳にする「江戸○里四方追放」などという刑罰も日本橋が中心である。刑の重さは三里四方から二十里四方などさまざまだが、たとえば江戸十里四方追放の場合は日本橋から東西南北それぞれ五里以内の地を立ち入り禁止地域とするものだ。恩赦に浴することができる場合もあるが早くて十七年後である。

これと似た刑に「江戸払い」というものがある。これは品川、板橋、千住の三宿、本所深川、四谷大木戸以内、および江戸以外に住むものは住居する町村も立ち入り禁止となる。恩赦は早くて十四年後である。これは江戸の範囲をイメージする上で重要な事柄だ。

ただ、追放刑は各藩にあるので全国に無宿者が溢れるという結果を生んだ。そこで佐渡、石川島、筑波郡上郷村、函館などに人足寄場が設けられることになるのだが結局、焼け石に水の状態に陥ってしまったようだ。

江戸ブームに登場しない人々

太田道灌の時代、日本橋が架けられる以前だが、北の橋詰めの西側一帯は尼店《あまだな》（尼崎屋《あまがさきや》という漆器店があった）とよばれる葦原《よしはら》で、そこには被差別民の頭領・長吏頭《ちょうりがしら》（穢多《えた》頭）・後の浅草弾左衛門が住んでいた。そのため周囲は穢多村（被差別部落）とよばれた。道灌は彼らを江戸城から浅草寺に通じる一本道の街道警護や刑場、牢の任務に就かせていたといわれる。

したがって尼店の北隣、現在の日本橋本町四丁目には仕置場（本町刑場）もあった。家康の時代になると刑場は本材木町五丁目と鳥越の二カ所に分かれ、それがそれぞれ都市の拡大とともに年輪上を移動することになる。

具体的な刑場移動の一つの流れは東海道に沿って日本橋本町→本材木町→高輪大木戸→鈴ケ森であり、他方は日光・奥州街道に沿って日本橋本町→鳥越→北浅草（今戸新町《しんちょう》）→小塚原である。

すでに述べたように、この刑場の移動に付き添って長吏頭や非人頭とその配下たちも刑場近くに住居を与えられて移動させられていた。

長吏頭も非人頭も共に江戸町奉行の配下として罪人の処刑執行、つまり仕置役を務めていたため、刑場の近くに移動させられたのだ。つまり、時代は常に穢れの領域を都心部から周辺部へと排除していたのである。

ついでながら、獄門晒《さら》し首の首は見せ締めのため三日三晩人前に晒されることになっている。その場所は罪人の生まれ場所が日本橋より東なら小塚原刑場、西なら鈴ケ森刑場と決まっていたともいわれる。

　このように江戸の境界線の拡大と同期して中心部の日本橋周辺から徐々に遠ざけられた被差別民・賤民たちは、昨今の江戸ブームの中でもあまり表舞台に出ることのない人々であるが、この時代には士・農・工・商・穢多・非民という身分制度が歴然と存在したのである。

　ちなみに振り袖火事として有名な明暦三（一六五七）年一月に発生した大火の犠牲になった三万から十万超ともいわれる焼死体と水死体の片付け、埋葬、被災者への炊き出し（五カ所）なども弾左衛門が奉行より依頼され、配下の長吏や車善七配下の抱《かかえ》非人三千人以上に行なわせたという記録が残る。

　じつは、このような彼らの「穢《けが》れを浄める」という働きなくして大都市・江戸は機能しえなかったのである。

　幕末から明治にかけ、十三代浅草弾左衛門（弾直樹）らの尽力によって賤民身分は廃絶され、彼らは新平民とよばれるようになった。しかし同時に数々の販売独占権も手放すこととなり、たとえば明治の近代化で需要が急増した靴（特に軍靴）の生産などは欧米の機械を導入した資本家の工場に市場を奪われることになる。

　本書における江戸時代の彼らの存在は、遊郭や岡場所の遊女（飯盛女）とともに非常に重要である。江戸・東京の年輪を形成してきた成長線上、特に後述する宿場や刑場を述べるにあたりキーマン的な存在となる。

　また、これも重要なことだが都市が出す排泄物は作物への特効的肥料（金《きん》肥《ぴ》・下肥《しもごえ》）と確認されて以来、江戸周

↑炊き出しの様子

↑歌川國貞『繪本 開談夜之殿』より。不義をなしたうえ駆落ちをした二人が晒されている場面。フィクションであるが、後にこの男女は乞食夫婦に払い下げられ、非人の身分に落とされる。右端の二人は見張り役の非人である

↑かつて尼店とよばれていた日本橋の中心地
←現在の日本橋

辺の農村が吸収した。最高級の有機肥料であることは間違いなく、むしろわざわざ買っていたともいう。

ちなみに栄養価の高い武家屋敷や大商人宅などの排泄物のほうが庶民のものより高価だったという。早朝、都市周辺の農家から野菜や花を満載した大八車が江戸を目指す。帰りには肥桶《こえおけ》いっぱいの金肥（油粕や鰯肥なども含まれる）が積まれている。これは農家の若者の重要な仕事だった。

東京の日本橋

日本橋は二十回も架け替えられている。そのうち火事による焼失は十回にもおよぶ。現在の橋は明治四十四（一九一一）年に完成したもので、橋の北詰西側に道路元標のレプリカがある。その横に二基の里程標（石碑）があり、向かって左には横浜市二九粁《キロ》…鹿児島市一四六九粁、右のほうには千葉市三七粁…札幌市一一五六粁とある。

地方から東京に向かう高速道路などの標識「東京まで○○km」とあるのは、この橋までの距離のことだ。日本橋は今も全国の道路の起点である。

しかし現状の日本橋は「東京オリンピック」誘致のために建設された首都高に押しつぶされている。下を流れる日本橋川にはゴミが浮き、濁った川面は悪臭を放っている。

それでもなお矍鑠《かくしゃく》と振る舞う明治生まれの文化財は見るに忍びないほど痛々しい。鉄道の起点、往時さながらに華々しく再建された東京駅に比べると、その差に言葉を失う。

それでも平成二十三（二〇一一）年の架橋百年には多くの関係者がこの橋にエールを送っていた。新聞には日本橋の特集が組まれ、多くの知識人が

↑シャッター浮世絵は 2011 年 1 月時点で 25 作
←このエジプト風の女性像が乙姫様とは

論文を寄せた。日本橋周辺の商店街のシャッターには美しい浮世絵が描かれた。しかしこの橋の中央に日本国道路元標が埋め込まれている限り、易々と橋を移築させることもままならない。高速道路は、もはや老朽化しているので、再びオリンピックなどが開催されるようになれば景観も大改善されるのだろうが、日本橋川を清流にするには莫大な時間と費用と都民の努力が必要だろう。

日本橋の不思議な一角

道路元標の向かい北詰東側に小さな広場がある。

その奥に宝冠のようなものを頭に載せ玉座に座った何ともエキゾチックで不思議な女性像があり、手前には日本橋魚市場発祥の地と刻まれた立派な石標と日本橋魚河岸跡の解説板がある。

魚河岸のあった辺りは日本橋川の北岸で現在の日本橋室町一丁目から日本橋本町一丁目にかけての一帯だった。

この女性像を注意深く眺めているうちに玉座の両端から魚が顔を出していることに気づいた。ゆらめく昆布の隙間から六尾の魚が左右に顔を出している。すると玉座の頭当ては帆立貝か…。この女性は乙姫さまだった。

ここの魚河岸の様子は『江戸名所図絵・巻之一・日本橋魚市』の「船町《ふなちょう》・小田原町・安針町《あんじんちょう》等の間、ことごとく鮮魚の肆《いちぐら》なり。遠近の浦々より海陸のけじめもなく、鱗魚をここに運送して、日夜に市を立ててはなはだ賑はへり」とあり、挿絵からもその活気が十分伝わる。しかし大正十二（一九二三）年の関東大震災を機に魚河岸は中央区築地へ移転した。乙姫様はどことなく居心地が悪そうだ。

迷子の石標と縁結び

　日本橋から日本橋川を三百メートルほど西に戻ると常盤橋の手前に一石橋《いっこく》があり、橋のたもとに「満《ま》よひ子の志《し》るへ《べ》」と刻まれた石標が立っている。向かって左面には「たづぬる方」右面には「志《し》らす類《る》方」とある。これは安政四（一八五七）年に西河岸町の名主たちが世話人となって建立したもので、迷子を捜し訪ねる人は左側に、心当たりのある人は右側に貼り紙をして情報交換をした。都指定有形文化財である。

　浅草寺や永見寺（後述）、湯島天神の境内にも現存するが、これが立っていたということは、いかに多くの人々がこの石の前を行き交っていたかを物語っている。しかし身元引き受け人が現われない場合は「迷ひ子は主出申さず候へば非人に下し候」つまり非人預けとなった。一方迷子の石標には縁結びのご利益もあったという。

　ちなみに正面下にある「⊼」のマークは明治九（一八七六）年以降にイギリスのお雇い外国人で測量師長のコーリン・マックウェンの指導によって刻まれた几号《きごう》水準点だ。これは土地測量のために各地の石柱や石垣などに刻まれており、本書に関係のあるところでは江戸城本丸跡、桜田門、田安門の石垣、前述日比谷公園の亀石や烏帽子石の下部中央にも刻まれている。

　話がそれたが、縁結びといえば、この一石橋と日本橋の中程・八重洲側に日本橋西河岸地蔵寺があり、ここも縁結びの願掛をする女性に人気がある。泉鏡花原作「日本橋」のヒロイン・日本橋花街の芸妓お千世の縁結び絵馬が何枚も掛かっていた。

→↓迷子の石標と几号水準点
↑←イキなお千世さんの絵馬と日本橋西河岸地蔵寺

第二章 東海道の年輪を探る

東海道上の境界線

最初の出入り口 ← 海岸線 ← 宿場町 ← 此岸と彼岸 ← 江戸の果て

札《ふだ》の辻《つじ》と高輪大木戸

東海道の裏道と古道

品川宿と江戸六地蔵

鈴ケ森刑場と供養仏群

多摩川・六郷の渡し

街道は一本線である。ここを通って他国から江戸を目指す場合、あるいは江戸から他国へ出る場合、どこかで境界線を通過するはずだ。それはどこにあったのだろうか。それを確認するために街道を散策してみる。

ご存知のように江戸という大都市は拡大し続けていたから、その成長に伴ってさまざまな事物も外へ外へと移動してきた。その痕跡=境界線が年輪のように残ってはいないか。

東海道で最も顕著な年輪は処刑場である。刑場は日本橋周辺から高輪、鈴ケ森へと移動している。人々は晒首《さらしくび》の前を通り、見せしめを受けた。

また主にロジスティックや参勤交代の都合から人馬の一日の移動距離を考慮して宿場=馬継ぎ場が設けられた。

そこには江戸六地蔵や飯盛女《めしもりおんな》とよばれる遊女を抱えた旅籠《はたご》が置かれた。

高輪大木戸と東海道裏道

日本橋から東海道「札《ふだ》の辻《つじ》」へ

地図 P.35

日本橋を渡る道路は中央通りだ。南方面に延びる道が、すなわち東海道で、これを二百メートルほど南西方向に進むと永代通りとの交差点にでる。ここが地名としての日本橋。地下鉄銀座線と東西線の日本橋駅がある。京橋、銀座を経て新橋交差点から先は第一京浜に所属する。

芝四丁目の交差点を過ぎるとまもなく田町駅で、駅のすぐ先が札の辻の交差点だ。ここには江戸の初期から高札《こうさつ》場《ば》があった。

今でこそ四ツ辻だが、かつては海側（線路側）は海岸線だったので道はなく、三ツ辻だったはずだ。昔の人は辻こそ異界への出入り口と考えていたから高札場《こうさつば》にはまことにふさわしい場所である。『武江年表』によれば札の辻に芝口門ができたのと高輪の大木戸が築かれたのは宝永七（一七一〇）年と同時だが、享保九（一七二四）年に芝口門は焼失し、以来再建されていない。しかし高札場が高輪に移されたのは天保二（一八三一）年だ。

芝口門と大木戸に関しては近いせいか築造などに関していくつかの説がある上、混同されている場合も多いようだ。しかし、周辺が江戸のひとつの出入り口・境界であったことは確かだ。

ここには主にキリシタンを処刑したといわれる高輪刑場（札の辻刑場）もあった。その場所は泉岳寺の南隣だったというから、ちょうど赤穂浪士の墓のお隣あたりということになる。ここが使用された時期は寛永期（一六二四〜四三）といわれる。

家康入府後、日本橋本町四丁目にあった刑場が長吏《ちょうり》頭（穢多頭）弾左衛門らと共に鳥越に移されたとき、刑場は二カ所に分けられ、本材木町五丁目（現在の京橋周辺）にも作られた。それが再度この近くに移されたらしい。しかし慶安四（一六五一）年には鈴ヶ森へ移される。

ちなみに寛文《かんぶん》年間（一六六一〜七三）頃に品川に居住していた三河長九郎という人物が流浪の民や門付芸人、物乞いなど住居を持たぬ者たちを集めて、品川非人頭となり松右衛門と改名する。

その勢力範囲は芝（札の辻）から品川に及び、鳥越から浅草に移った弾左衛門の指示で刑場の御用も務めた。

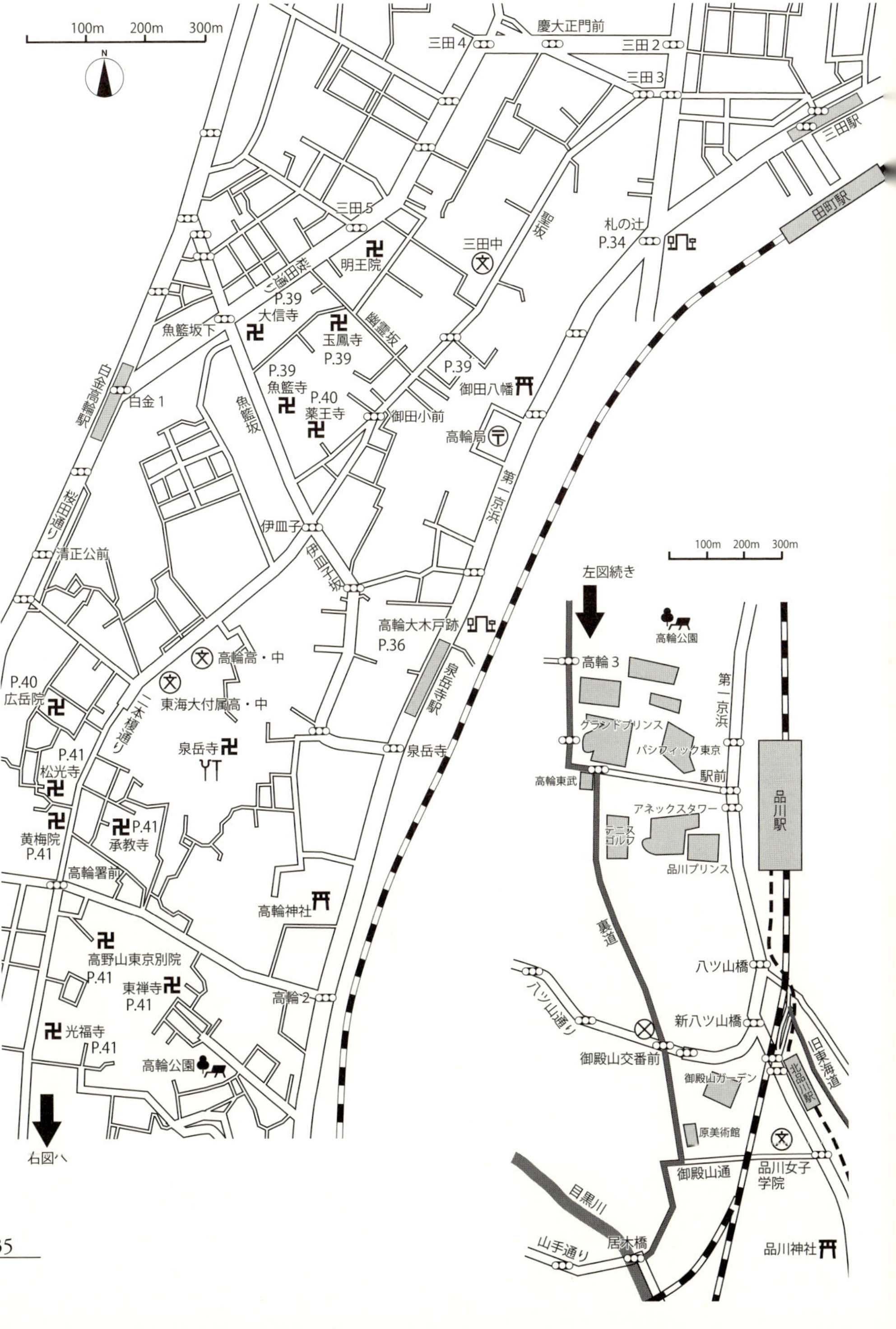
100m 200m 300m
N
慶大正門前
三田4
三田2
三田3
三田駅
田町駅
三田5
明王院
三田中
札の辻
P.34
聖坂
桜田通り
P.39
大信寺
魚籃坂下
玉鳳寺
P.39
幽霊坂
P.39
御田八幡
白金高輪駅
白金1
P.39
魚籃寺
P.40
薬王寺
魚籃坂
御田小前
高輪局
第一京浜
桜田通り
伊皿子
清正公前
伊皿子坂
高輪大木戸跡
P.36
高輪高・中
泉岳寺駅
P.40
広岳院
東海大付属高・中
二本榎通り
泉岳寺
泉岳寺
P.41
松光寺
P.41
承教寺
黄梅院
P.41
高輪署前
高輪神社
高野山東京別院
P.41
東禅寺
P.41
高輪2
光福寺
P.41
高輪公園
右図へ
100m 200m 300m
左図続き
高輪公園
高輪3
第一京浜
グランドプリンス
パシフィック東京
駅前
高輪東武
アネックスタワー
テニス
ゴルフ
品川プリンス
品川駅
裏道
八ツ山橋
八ツ山通り
新八ツ山橋
御殿山交番前
御殿山ガーデン
旧東海道
北品川駅
原美術館
御殿山通
品川女子学院
目黒川
居木橋
山手通り
品川神社

高輪の大木戸

地図
P.35

江戸初期に設置された芝口門の高札場が高輪に移されたのは天保二（一八三一）年で、これが確かだとすると、高札場が七百メートルほど南下するのに二百年以上かかっている。

大木戸は幅約六間（約十メートル）あり、当初は治安維持と交通の規制のため暮れ六ツから明け方六ツ（午後六時前後〜午前六時前後）まで閉ざされていたようだが江戸時代後期に設備は廃止されている。

大木戸は旅人の送迎の場でもあったので別れや出会いの一献を酌み交わすための茶屋や料理屋などが七軒あったらしく、それがそのまま地名にもなっていたようだ。

↑現在の札の辻交差点

↑現在、海岸側だけに残る高輪大木戸の石垣址
幅 7.3 ×長さ 7.3 ×高さ 3.6 メートル

↑『江戸名所図会・巻之一・高輪大木戸』

↑高輪神社境内。中心の金精さま状の石は長さ 80 ×幅 46 ×厚さ 28 センチの力石で港区内で一番重く、区の文化財
→『東都名所年中行事・七月高輪二十六夜（広重）』料理屋の手摺にもたれ月を眺める美女、沖に並ぶ船、浜辺に並ぶ屋台や賑わう人々が描かれている

『江戸名所図会・巻之一・高輪大木戸』には「…七軒といふ辺は、酒旗（酒屋の印旗）・肉肆《にくし》（魚・肉類を扱う店）・海亭（海鮮料亭）をまうけたれば、京登り、東下《あずま》り、伊勢参宮等の旅人を餞《おく》り迎ふるとて来ぬる輩《ともがら》、ここに宴を催し、つねに繁昌の地たり。後《うしろ》には、三田の丘綿々《めんめん》とし、前には、品川の海遙かに開け、渚に寄する浦浪の真砂《まさご》を洗ふ光景など、いと興あり」と紹介されている。

肉肆とは魚屋という意味もあるが獣肉も扱っていたのではないだろうか。江戸時代のイメージにあまりそぐわないと思われるかも知れないが幕末ともなれば牛は別としても馬（桜）、猪（牡丹）、鹿（シシ）などは薬として半ば公然と食べられていたようで『江戸切絵図』の平川町三丁目にもケダモノ店《だな》と記された小路がある。大木戸にあった肉肆は品川の遊郭（後述）に遊びに行く連中が、ここで精をつけてから繰り出したのかもしれない。前頁の図中、海亭と思われる店では一階で魚介類を売っており、二階ではそれらが料理となって運ばれている。右下には裏から見た高札場が描かれている。

大木戸から南に泉岳寺入り口あたりまでは芝車町または牛町とよばれていた。牛車を貸し出す車借《くるまがし》の長《おさ》がいて千頭の牛を抱えていたという。一頭の牛が牽く地車《ちくるま》は八人分のパワーがあり、これが大八車（代八車）の語源になったという説もある。ゆえに馬借《ばしゃく》や馬子は地車を大いに嫌ったという。

また、旧暦七月二十六日の二十六夜待ちでは高輪や品川の海岸には大勢の人々が集まった。江戸ではこの夜、月の光の中に阿弥陀・観音・勢至の三尊の姿が見えるといわれ、この夜の月光

→『江戸名所図絵・巻之一・高輪牛町』 ↑『同・潮見坂』伊皿子あたりから海を望む

を浴びると幸運と長寿を得ることができるという信仰があった。しかし一方では信仰にかこつけた大イベントでもあったのだが、勤倹を旨とした天保の改革（一八四一～四三）以降はめっきり寂れたという。

大木戸から五百メートル程下った西に高輪神社がある。『江戸名所図会』の時代は常照寺という寺の境内に太子堂、庚申《こうしん》堂と共に祀られていた稲荷社だったが昭和四（一九二九）年に高輪神社となっている。その時からか、庚申堂の祭神だった青面《しょうめん》金剛は神道系の猿田《さるた》毘古神《ひこのかみ》に入れ替わっている。境内には力石と称する男根状の陽石もある。

この神社の裏手・北西方面が泉岳寺である。赤穂浪士が葬られていることで有名だが「其当座 後家牛町を ぞうろぞろ」とは、切腹した浪士の妻が前出牛町あたりを墓参に通う姿を揶揄《やゆ》した川柳だ。

東海道の裏道

地図P.35

高輪は古くは高縄手、高縄と書いた。ちなみに縄手道とは土手の上を通る道のことだ。芝～品川間の海岸線と平行して走る南北に細長い高台だから付けられた名だろう。海岸線を行く狭い東海道からこの丘陵地帯を望むと二本の榎《えのき》が立っていて、それが旅人の目標になっていたという。高台には現在も第一京浜（東海道）と桜田通りの間を二本榎通りが南北に走る。ここには戦前まで二本榎という町名も残っていた。

この道はれっきとした古道で、そのまま南下すると品川駅前のグランドプリンスホテルの裏を抜け、御殿山交番前で八ツ山通を渡り、目黒川の居木橋《いるきばし》に至る。交通量の多い第一京浜に比べると落ち着いた味わいのある道で寺院

←幽霊坂　↑玉鳳院の御化粧延命地蔵は美男子で女性にも人気だ。同院の境内には小振りだが三猿の庚申塔もある

も集中しており、あちらこちら寄り道をしていると一日がかりになる。

「月の岬」の寺町

地図 P.35

かつては岬だったというこの一帯には聖坂を上がって入る。札の辻まで戻り、東京タワーの見える方向（国道1号線・赤羽橋方面）へ二百メートルほど北上、三田三丁目の交差点を左に折れたY字路を左に進むと聖坂の上りにかかる。三田中学校を過ぎると寺町で、特に西側の一角は中小の寺院がびっしりと建て込んでいる。かつては岬だったといっても今は海も見えない。この高台西の斜面に展開する寺町は江戸府外からの敵の侵入を防ぐ迷路の役も果たしていたという。

●御化粧地蔵（玉鳳寺）：おしろい地蔵ともよばれる。地蔵堂のある玉鳳寺の門前は幽霊坂とよばれ、鬱蒼として物寂しい場所だったのだろう。

縁起によれば寛永年間（一六二四〜四三）に当寺の格翁和尚が京橋八丁堀の地蔵橋近くを通りかかった時に荒れ地に曝《さら》されていた地蔵像を見つけたが、汚れが落ちないため化粧を施して祀ったところ、和尚の顔面の痣《あざ》がいつの間にか消えたという。また玉鳳寺の境内には小ぶりだが三猿と青面金剛の文字が彫られた庚申塔がある。

●猫塚（大信寺）：江戸における三味線製作の始祖・石村近江の碑や墓がある。三味線には猫の皮を使用していたから猫塚がある。猫の隣には犬が寄り添っていて、まさに今流行のペット墓碑の様相だ。

●魚籃《ぎょらん》観音（魚籃寺）：魚籃とは魚を入れる籠（びく）のことで、魚籃観音とは中国、唐時代の魚商・馬氏の美しい妻が早世し、観音に化身した姿であ

↑魚籃観音堂の賽銭箱に彫られた魚籃の中には鯉が
→大信寺の猫塚には犬もいる
←伊皿子坂から魚籃坂を望む。高台を実感する坂が多い

る。死後、彼女の霊骨はことごとく金の鎖になったという。

　尊像は大きな魚に乗った姿や魚の入った籠を手に提げた姿で表現される。当寺の本尊は六寸ばかりの木像で後者の姿である。しかし、常にご開帳しているわけではない。この観音さまは主に漁労関係者から信仰されて、大漁祈願や魚介類の供養、海上安全などが祈願される。門前の坂名になっているほど名高い寺だが境内に塩地蔵（身代わり地蔵）や亀石、可愛らしいイラストが線彫された馬頭観音碑などが雑然と並んでおり、意外に庶民感覚だ。

●千代女《ちよじょ》の朝顔の井戸（薬王寺）：千代女は江戸中期の女流俳人・加賀千代《かがのちよ》のことだ。「朝顔につるべ取られてもらい水」は有名な句だが、その井戸が薬王寺の墓地の片隅に残る。歌碑に「俳人加賀の千代女の朝顔に云々の句由縁の井戸也　又江戸三大火の厄を免れたるるにより火防感応高祖と共に霊水の名聞え高し」とある。しかし、井戸は新しそうだ。

　ほかにもお砂踏みの明王院、荻生徂徠の墓がある長松寺などがあり、決して広くはない一画だが、見て回るたびに新しい発見がある。

　さて、月の岬の南端、伊皿子の交差点を過ぎると、高輪である。

高輪の寺町

地図
P.35

●八天狗の札を求めて（広岳院）：広岳院は現在は天狗と無縁ということだが戦前まで八天狗の札《ふだ》を出していた。筆者はこの札のコピーを持っている。遙か離れた九州英彦《ひこ》山の守護神・豊前《ぶぜん》坊天狗を祀る高住神社でいただいたものだ。それには「芝貳本榎廣岳院」と書かれていたため、いつか広岳院を訪れたいと思っていた。

先日その機が訪れ、さっそく広岳院のご住職にその旨を伝えたところ、残念なことに「さあ…先々代までそのようなものを祀っていたようですが、戦災で全てを焼失してしまいましたので…」という返事であった。江戸の天狗信仰がまた一つ消えていた。

●江戸大名の墓とタタリ仏（松光寺）：松平家の菩提寺で松平忠国公の正室・松光院のタタリ仏と松光院の墓がある。目を見張る程の大きさは良いとしても、その脇に、ごく平凡な姿をした合掌地蔵仏が立っている。触ると祟るそうだ。しかし地蔵が人に祟るなどということは考えられないことだから悪霊でも封じ込められているのだろうか。筆者もさすがに撮影だけにとどめておいた。明治初期には英国人鉄道技師の宿舎になったという。

●二本榎ゆかりの寺（黄梅院、承教寺）：二本榎にちなんで昭和四十二（一九六七）年、黄梅院の境内に夫婦榎（ニレ科エノキ属で雌雄同株）が植樹された。その二本榎の碑は通りを挟んだ向かいの承教寺入り口にある。こちらの境内には英一蝶《はなぶさいっちょう》の墓もある。

●ピカピカの仏足石（高野山東京別院）：さらに南下して高輪署前の交差点を過ぎると、公園と見紛う程明るい境内が広がる高野山東京別院がある。

筆者が目を奪われた仏足石は三鈷《こ》（密教で用いられる仏具）と組み合わされたモニュメントとなっている。何もかもが新しくてモダンなので古刹という感じはしないが、抹香臭さを感じさせないように考えられた宗教施設だ。

●幽霊地蔵（光福寺）：光福寺には開運稲荷大明神が鎮座するが筆者のお目当ては子安栄地蔵尊こと幽霊地蔵である。尊顔以下は肋骨《あばら》となり、下半身はほとんど一本の線となっている。水をかけるとますます迫力が出る。火災に遭って溶けた目黒・大円寺のとろけ地蔵を連想させる。

●二度も襲われた古刹（東禅寺）：東禅寺は幕末に英国公使の宿館となったため文久元（一八六一）年から翌二年にかけて水戸浪士や松本藩士に襲撃されるなど二度の国際事件に巻き込まれた。しかし現在は第一京浜と桜田通りに囲まれた一画とは思えないほど静かな高級住宅地となっている。境内の外にも、お地蔵さんの石仏などがあり花が手向けられていた。

ただ、この場所は二本榎通からはわかりにくいので一度第一京浜に出て高輪公園を目指すと、東禅寺は公園の先にある。

↑松光寺のタタリ仏

↑千代女の井戸は薬王寺の墓地の一角にある
←八天狗のお札（コピー）は九州の英彦山で入手。これを頼りに広岳院を訪ねたが戦災で資料もないとのこと
↓承教寺。入ってすぐ左に二本榎の碑がある

↑その姿から幽霊地蔵とよばれる光福寺の子安地蔵

←東海道の裏道も品川プリンスホテルの裏を抜けて北品川に入ると、御殿山通りとよばれる道となってすっかり様相が変わる。坂を下りきると山手通りと目黒川にぶつかり、そこは居木橋である

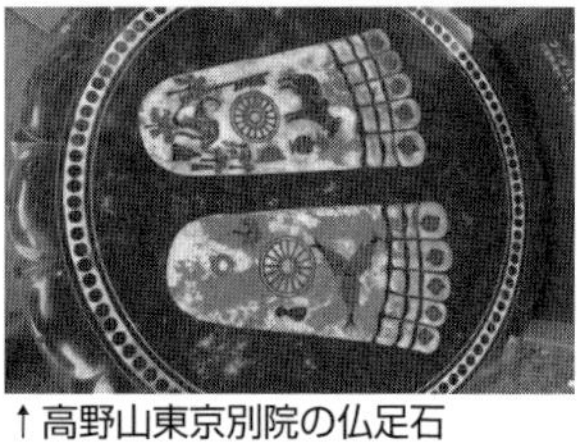

↑高野山東京別院の仏足石
↓東禅寺の仁王門

旧東海道の生・性・聖

品川宿と東海道の旧道

地図P.47

東海道は海岸線の道だった。しかも慶長十四（一六〇九）年に街道が整備されるまでは二頭の馬が並んで通ることもままならないほど狭かったという。

港区の大木戸から南下して品川区へ入るあたりから右手に八ツ山、御殿山、品川天王社（品川神社）の芳葉岡《よしばがおか》が見えてきたことだろう。残念ながら八ツ山も御殿山も今はない。

北品川駅の踏切を渡り、旧道に入ると、そこはもう品川宿だ。有名な広重の『東海道五十三次・品川』に描かれた場所である。大名行列の最後尾が通り過ぎてゆく。現在は埋め立てられて後退しているが、絵を見るとすぐ脇は海で、手前には品川宿の入口を示す傍示杭（木柱）が立っている。

宿場の入り口には提灯を下げた簡素な茶屋が数軒ならんでいるだけだが奥に進むに従って飯盛女のいる二階座敷の旅籠《はたご》が軒を並べるのだろう。ただし、この絵はようよう朝日が昇る時刻の様子だから、まだそれほどの賑わいはない。しかし茶店はしっかり営業しているようである。

この先、旧東海道は京急本線の東（海側）を平行する。鈴ケ森で再び第一京浜に合流するまで、わずか四キロメートル程だが今でも旧道の雰囲気は十分に残っている。道の左右には寺社や旧跡も多いから寄り道をしながら歩くと一日がかりの行程になる。

これより先は江戸ではないといわれていた。

↑←現在も同じような傍示杭が立つ

洲崎弁天（利田《かがた》神社）の鯨塚

地図
P.47

かつて目黒川は新品川橋あたりから直角に北西に向きを変え、今の八ツ山通りを流れていた。その河口と海の間に細長い洲があった。現在の東品川の一部である。この洲の先端に沢庵和尚《たくあんおしょう》が祀ったという洲崎弁天があった。今の利田《かがた》神社で、ここには鯨塚がある。

寛政十（一七九八）年または文政五（一八二二）年五月一日、品川沖に巨大な鯨が迷い込んだ。漁師達は総出でこれを天王洲の岸に追い込み捕らえた。十一代将軍家斉《いえなり》の高覧に供するため小舟で浜御殿（浜離宮）まで運んだというが全長十七メートル高さ二メートルもあったという。その後漁師に戻された鯨を見ようと人々が押しかけた。人々は鯨を切り身にして食べようとしたが脂っこくて食べられなかったという。最後は油を取り解体され、残った骨を埋めたのが鯨塚である。

鯨塚にある解説板や鯨碑には鯨を捕らえたのは寛政十年五月一日とあるが、この時の将軍は十代家治《いえはる》である。また同解説板には、家斉が鯨を見て「うちよする浪は御浜のおにはぞと　くじらは潮をふくはうち海」と詠んだというが、お庭と吹くを鬼と福の判じ物にするなどの庶民的感覚は、とても将軍様の歌とは思えない。

寄木《よりき》神社の夫婦神

地図
P.47

旧道を南下すると目黒川に架かる品川橋に出る。橋を渡らず川沿いに東に進むとすぐに新品川橋があり、それをくぐって進み数十メートルで洲崎橋に出る。今でこそ狭い道だが、かつて洲に作られた漁師町のメインストリートで洲崎弁天に続く。多少遠回りになる

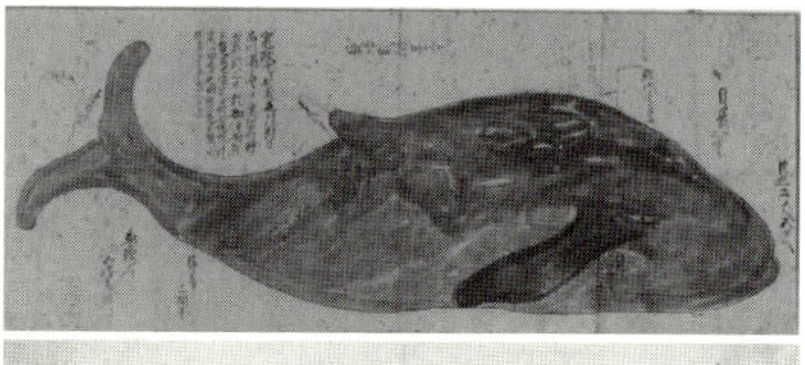

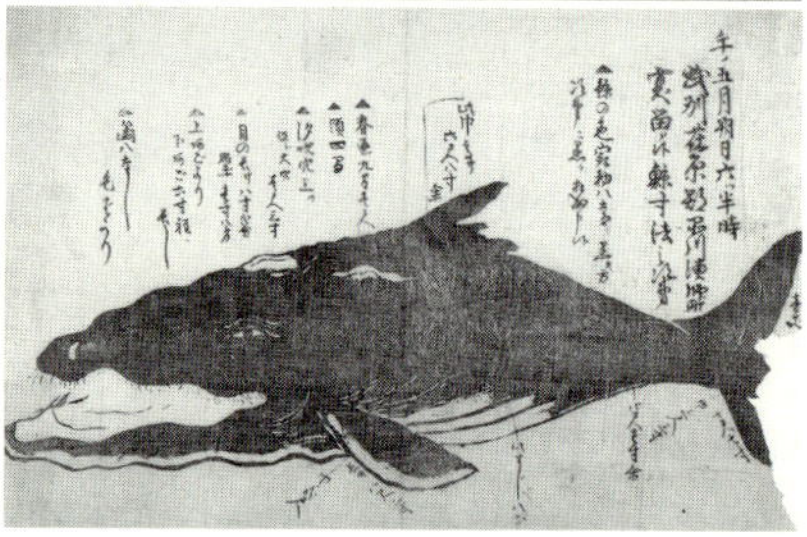

→鯨塚の解説板に載っている鯨の図。1798年のこととあるが
↘ 1822年に出された瓦版だが同じ鯨と思える。各部分の寸法など詳しく記載されており、歯のない髭鯨の仲間らしい

←かつては洲崎弁天（利田神社）のわきまで目黒川が北上していた。北品川橋から望む運河の端は、目黒川の名残である

がこれを北西に戻るとすぐ左手に寄木神社がある。

昔ながらの小ぢんまりした神社だが、いくつもの由緒を持つ。

その一つは元和《げんな》七（一六二一）年に出された『浦々《うらうら》添《そえ》高札《こうさつ》』で品川区の指定有形文化財になっている。内容は「御《ご》城《じょう》米《まい》船《せん》破《は》船《せん》の際の処置方《がた》心《こころ》得《え》書《がき》」であり、ひらたくいえば幕府の米を積んだ船が事故に遭っても米をくすねるな、というものである。

●日本武尊《やまとたけるのみこと》と弟橘姫《おとたちばなひめ》の船の破片が流れ着いた：ご存知のように日本武尊《やまとたけるのみこと》が東夷征伐の折、風雨激しく吹き荒れたため海神の怒りを鎮めようと橘姫が海中に身を投じた。その船が砕けてその一部が寄り着いたものを祀り、この夫婦神を祀った。故に寄木という。

また当社の本殿は土蔵造りになっており、拝殿からは扉が開いた土蔵の内部を拝するかたちになる。その扉の内側には幕末の名工・伊豆の長八による漆喰細工（こて絵）が施されている。天孫降臨の様子で向かって右の扉に猿田彦命《さるたひこのみこと》、左扉の上に瓊々杵命《ににぎのみこと》、その下に乳房をあらわにした天鈿女命《あめのうずめのみこと》が描かれている。猿田彦と天鈿女も後に夫婦神となる。

●源義家が兜を奉納：源義家が奥州征伐の折、ここに馬を止め当社の由来を漁民から聞き、戦の勝利を祈願した。戦勝の帰途再び当社に詣でて兜を奉納した。以降この地を兜島とよんだ。しかし漁師たちが南品川から集団でこの地に移住してきたのは江戸末期のことだから、それまで兜島に人家はあまりなかったと思われる。

●波間に光る素戔嗚命《すさのおのみこと》の面：武州彦宗郷（埼玉県三郷市）の名工が彫った素戔嗚命（牛頭天王と同神とされる）の

←寄木神社の入り口は超庶民的

→土蔵造りの本殿の両扉内側に幕末の名工・伊豆の長八によって描かれた漆喰細工。ふくよかな天鈿女と凄みのある猿田彦の表情が対照的で味わい深い

江戸市外〜六地蔵

面が大洪水で流された。その後、宝暦元（一七五一）年に波間に光る面を漁師がすくい上げ、当社に奉納。それを聞いた彦宗郷の名主と当社と荏原神社の宮司（兼任）が改めて荏原神社へ奉納し、神輿が海中渡御《とぎょ》される際、その屋根に付けられることとなった。

ちなみに北品川の産土神《うぶすな》・品川神社の祭神も牛頭天王で、かつては年に一度互いの神輿が南北品川の間に架かっていた中の橋（行合《ゆきあい》橋）の上で行き逢っていたという。ゆえにこの一帯の洲は天王洲とよばれた。

貴船《きぶね》明神（荏原《えばら》神社）の河童大王

地図 P.47

目黒川はかつて荏原神社の北を流れていた。南北の品川宿は目黒川を境にしていたので荏原神社は南品川の産土《うぶすな》神だった。かつては貴船明神社とよばれていたから祭神は貴船（貴布禰）の龍神（水神）のはずだが、前述のごとく素戔嗚尊の面が海から上がり、それを牛頭天王と判じた。この神は八坂神社の祭神で疫病封じの神、つまり疫病神ということで怒らせると大変だから祭りは盛大にやる。

ところがこちらの牛頭天王は、かつて河童大王ともよばれていたらしいから複雑だ。龍神は水の神で河童の親分だったからか、牛頭天王の神紋（木瓜・窠《か》紋）が河童の好きなキュウリだからか、海中で御輿を担ぐ氏子衆の河童風のざんばら髪からか、いずれにせよこの二体の神の使いを河童として、当社の祭りはかっぱ祭りともよばれている。

河童大王については宮司さんも特に否定はされなかったが「まあ、そういわれているようですね」と、積極的に肯定するという風もなかった。また、境内に河童の痕跡は発見できず。

↑品川橋を渡ると南品川宿である

→素戔嗚命の面『新編武蔵風土記稿・巻之五十四・荏原郡之十六』より。縦六寸五分（約20cm）とある

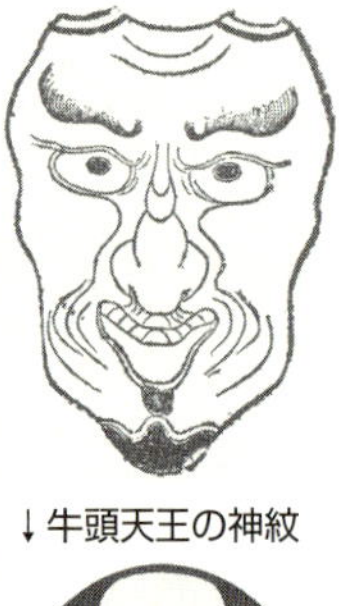

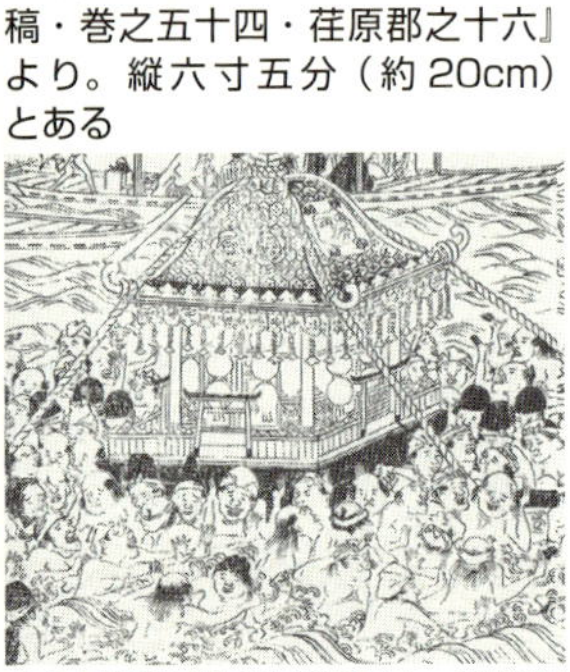

↑牛頭天王社の神輿洗い。貴船明神社も同様だっただろう『江戸名所図絵・巻之二』より部分

↓牛頭天王の神紋

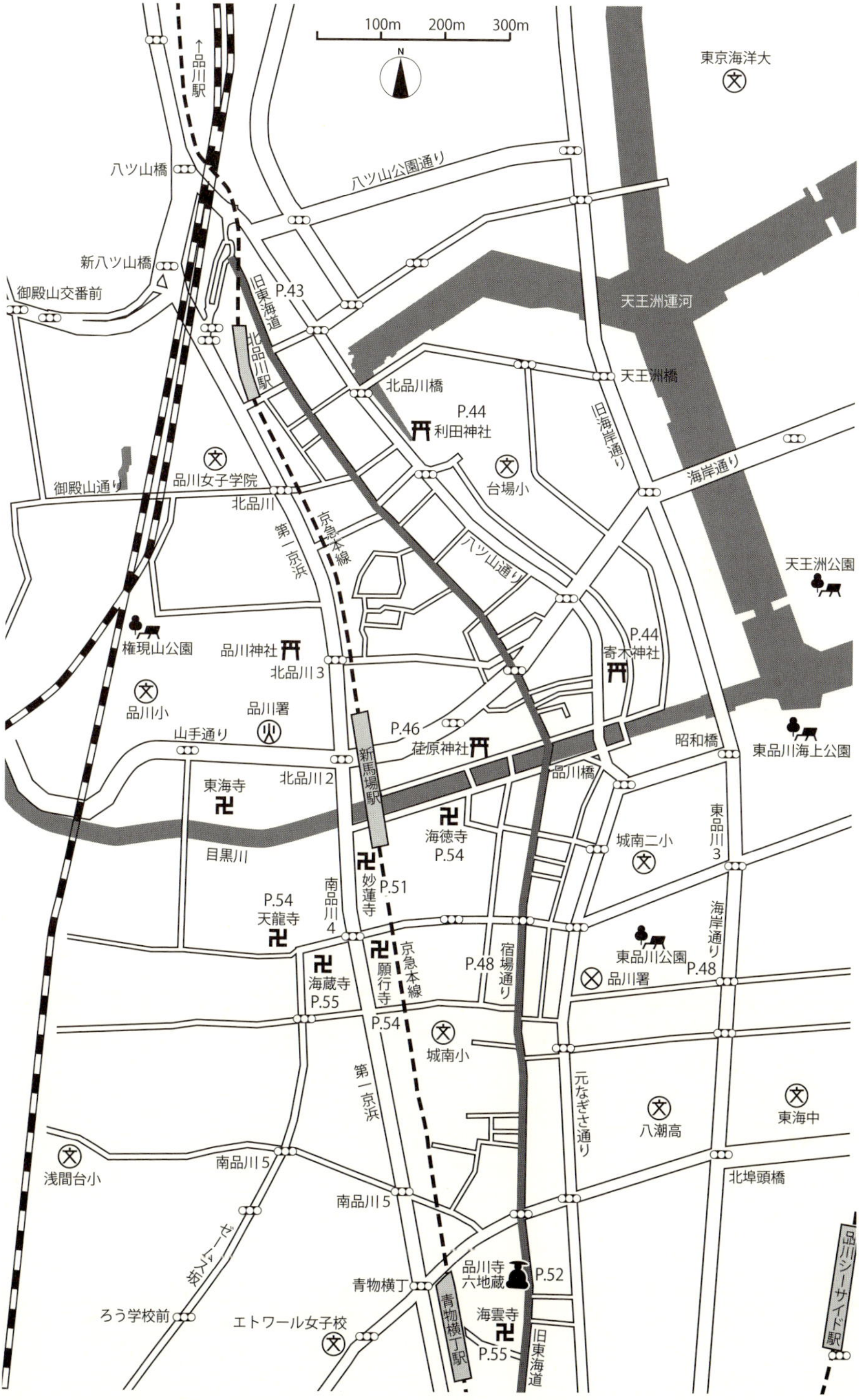
100m
200m
300m
N
←品川駅
東京海洋大
八ツ山橋
八ツ山公園通り
新八ツ山橋
御殿山交番前
旧東海道
P.43
北品川駅
天王洲運河
天王洲橋
北品川橋
P.44
利田神社
旧海岸通り
海岸通り
品川女子学院
御殿山通り
台場小
北品川
京急本線
第一京浜
八ツ山通り
天王洲公園
権現山公園
品川神社
北品川3
P.44
寄木神社
品川小
品川署
山手通り
P.46
荏原神社
新馬場駅
昭和橋
東品川海上公園
北品川2
品川橋
東海寺
海徳寺
P.54
城南二小
東品川3
目黒川
妙蓮寺
P.51
南品川4
P.54
天龍寺
海岸通り
東品川公園
品川署
P.48
宿場通り
P.48
願行寺
京急本線
海蔵寺
P.55
P.54
城南小
第一京浜
元なぎさ通り
八潮高
東海中
浅間台小
南品川5
北埠頭橋
南品川5
ゼームス坂
品川寺
六地蔵
P.52
青物横丁
青物横丁駅
品川シーサイド駅
海雲寺
P.55
ろう学校前
エトワール女子校
旧東海道

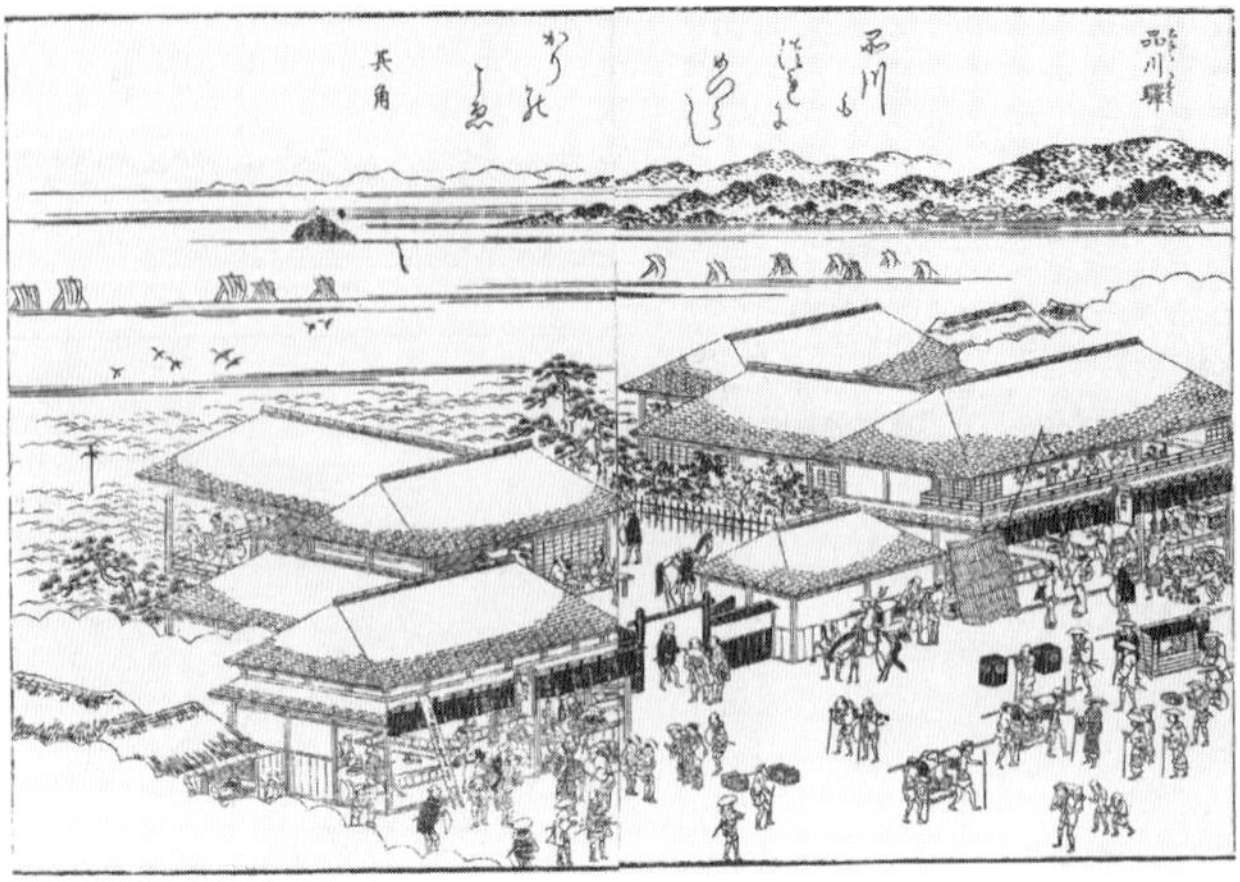

↑品川の遊女。山東京伝『古契三娼』より
←『江戸名所図絵・巻之二・品川駅』

「品川の客 にんへんのあるとなし」

地図P.47

にんへんとは漢字の人偏《にんべん》（イ）のこと。これが付かないと「寺」、付くと「侍」になり、品川宿の客には坊主と侍が多かったということを詠った古川柳である。つまり宿場女郎（飯盛女）を買いに来る客のことだ。その内訳は坊主五分、侍三分、町人二分といわれた。特に近くの薩摩藩武家屋敷や芝・増上寺からの遊客が多かったという。

「やぼと化《ばけ》もの品川に入りみだれ」という川柳もある。これは薩摩の野暮侍と高輪の茶店で医者の格好に化けた増上寺の坊主がうようよいるという意味だ。もちろん旅立つ前や帰宅を延ばして羽を伸ばしたり、送迎にかこつけて遊ぶ町人もいたから「品川に居るにかけせん（陰膳）三日すへ（据え）」という、しおらしい奥さんを同情半分にからかったものもある。

●品川の遊女たち：品川宿は細長い。北から歩行《かち》新宿、北本宿、南本宿の三つに分かれていて、天保元（一八三〇）年には、それぞれ三十軒、二十軒、三十七軒の旅籠《はたご》屋があった（天保十四年には計百十一軒になっている）。一軒につき飯盛女二人という建前があったにもかかわらず、ここには五百人から多いときではそれ以上の女郎衆がいたという。遊女が四〜五千人以上という吉原には及ばないものの、この数は立派な遊郭といえる。

北品川には土蔵相模とよばれた旅籠があり、幕末には高杉晋作ら勤皇の志士たちが登楼していた。ここは後に「さがみホテル」となり、現在はコンビニである。ちなみに御殿山に建てられた英国大使館を焼打ちした時、高杉晋作が落としていったという恋文は土蔵相

↑目黒川から品川橋（赤い橋の一本先）方面を望む。この川より左が北品川宿、右が南品川宿になる

↑『北斎漫画・十編』より。怪力太夫の絵

模の遊女のものだったのだろうか。

遊女のランクはさまざまで目黒川より北は「みな江戸前の玉なれば」といわれたように遊びなれた客の目にかなったようだが、南は橋向うと卑《いや》しまれてだいぶ落ちた。客を床《とこ》へ寝せておいてから、さらに数人の客をとる。それぞれ別の部屋で待たせるわけだが、これをまわしという。つまり一晩で五～六人分稼ぐわけで、北に比べ質は落ちるとはいえ、ずいぶん繁盛していた。

一方、一般の旅の老人・女・子供はというと女郎のいない平旅籠《ひらはたご》に泊まったというから、やれ一安心。

●怪力遊女・淀滝：江戸時代の大衆の娯楽は開帳や見せ物などだ。中でも延享年間（一七四四～四八）以降は怪力を売り物にする大女や滑稽で色っぽい女相撲（花相撲）などの人気があったという。

文化六（一八〇九）年頃、浅草の茶屋の見せ物で人気のあった淀滝は本名をつたといって下総小金の百姓新七の娘で、借金のため身を売り品川の橋向うの下級の飯盛女となった。源氏名は蔦野《つたの》。身長は六尺二寸（一メートル八十八センチ）または六尺七寸（二メートル三センチ）でいずれにしても大女だが、特筆すべきは手の大きさで、長さ二十二センチ、幅十五センチ以上あったというからまな板級だ。

遊女の頃は客の前でも手を懐に入れていたというから自分の身体に劣等感を持っていたのだろう。そのような具合だから評判にはなっていたようだが客はあまり付かず二十二歳のとき、浅草の見せ物に出た。大きさを強調するため小人《こびと》とのカップリングで舞台に立っていたという。釣り鐘を持ち上げ、五斗俵（普通は四斗）の先へ筆を結びつけて字を書く、片手で持った碁盤《ごばん》を扇いで大蝋燭の火を消す、などの芸を見せると、とたんに大評判になった。

　見せ物に出ていただけに手形や筆跡などもいろいろと残っていたそうだ。大女といってもスリムな美人だったというから、現代ならスポーツ方面かお笑い系で人気者になったことだろう。
●品川心中顚末記：飯盛女といえども格が高くなると祝い事に金がかかるようになる。お染という女郎が衣替えのための工面がつかなくなり、人の良い金蔵に心中をもちかける。実行場所は品川の海に伸びる桟橋の先。後ろから自分を追ってくる人の気配に慌てたお染は「金ちゃん先に行っててね」と男を真っ暗な海へ突き落とす。
　ところが金の工面がついたとわかったとたんに「金ちゃんすまなかったね。何十年かして私がそっち行ったら、よ〜くお詫びしますから」と心中を中止。

　しかし品川の海は潮干狩りをしたり、海苔が採れるほどの遠浅だから、金ちゃんは額をしたたか打ったが、鼻の穴にフナムシが入っただけで助かった。後に金ちゃんは幽霊になりすましてお染に髪をバッサリ切らせて復讐する。落語の噺だが心中は御法度《ごはっと》だから、これがバレていたら非人に堕とされ非人頭・松右衛門に預けられるところだ。
●遊郭に一泡吹かせた人気者：残念ながら実在の人物ではなく、これも落語の主人公だ。勘定を払わずに居残りを商売にする佐平次という男の舞台も品川の大見世（ここでは構えが大きな楼閣）である。
　佐平次は総勢五人で大尽遊びをしたあげく翌朝早くに友人を先に帰す。自分一人だけ居残って布団部屋に入れられる（客室から追い出される）が頼ま

↑旧東海道。南品川３丁目交差点

↑『江戸名所図会・巻之二・品川汐干』遠浅の様子が描かれている

れもしないうちから機転を利かせて立ち回り、やがて客や遊女の人気を得て祝儀までもらうようになる。反対に店の若い衆の身入りは減るから、彼らから突き上げを喰らった主人は困り果て、佐平次に勘定はいらないから出て行って欲しいと相談を持ちかける。

ところが佐平次は自分は役人に追われている身なので出て行けないと嘘をつく。主人は仕方なく佐平次に高飛びの資金三十両（または二十圓）を渡し、さらに乞われるままに新品の着物一式まで与えてしまうという噺だ。

明治時代に創作された比較的新しい落語とはいえ、このしてやったり的な痛快さは庶民の喝采を得た。

薄雲太夫の墓の骨

地図P.47

遊女といえば新馬場駅の南品川側、第一京浜通にも面する妙蓮寺には薄雲太夫の墓がある。高尾太夫、吉野太夫らと人気を分けた花魁《おいらん》だ。ところがある時、大きな水害があったらしく太夫の骨が流されてしまった。

その後、宝永五（一七〇八）年、隅田川河口近くに女性の頭蓋骨が流れ着いた。これを発見したのが神谷喜平次という見回り中の下役人だった。

話は入り組むが、二代目高尾太夫が仙台伊達《だて》公に隅田川の船上で斬られたと噂されたのがこの五十年前で、早合点の江戸っ子たちは「この首は高尾太夫のものに違いない」と決めつけた。そこでその骸骨を祀ったのが日本橋箱崎町にある高尾稲荷というわけだ。

ちなみにこの頭蓋骨は薄雲太夫のものではないかという説を唱えているのは品川区教育委員会である。売れっ子花魁は骸骨になっても人気がある。

←妙蓮寺・薄雲太夫の墓

↑『品川遊宴図／鳥居清長』天明3~4（1783～4）年頃の料理茶屋。海を望む二階座敷の様子

江戸六地蔵・札所一番「品川寺《ほんせん》」

地図 P.47

六地蔵は宝永五（一七〇八）年、深川の地蔵坊正元が十年かけて寄進を募り、江戸に通じる六つの街道の出入り口に、自らと庶民の健康・安寧を祈願して建立した銅像だ。いずれも大きな座像で、造ったのは神田鍋町の大田駿河守正義といわれる。

現存するものは五体だが、それぞれ一番＝東海道（品川寺）、二番＝甲州街道（大宗寺）、三番＝中山道（真性寺）、四番＝奥州日光街道（東禅寺）、五番＝水戸街道（霊巌寺）、六番＝千葉街道（永代寺…廃寺）の出入り口で街道を行き交う人々を見守っていた。

そのうち四番までが五街道沿いにあり、五番、六番は地蔵坊正元の地元にある。

品川寺の六地蔵は『江戸名所図会・巻之二・品川寺』にも描かれており、この時点では笠を被っていた。山門前のスペースに鎮座しており、誰でも気軽に参拝できた様子がうかがえる。

当寺の本尊は俗に水月観音といわれる聖観音菩薩である。現在の品川寺境内には、ほかにも七福神の石仏や三猿庚申塔、役行者の銅像や戦争の犠牲になった軍馬などの動物を供養する観音菩薩像などがある。

『江戸名所図会・巻之二・品川寺』

↑旧街道沿いに残る海苔店。今は海岸で海苔は採れなくとも発掘散歩者の気分としては嬉しい

←品川寺を過ぎると旧東海道は東大井に入り、人通りも少なくなる

江戸六地蔵・札所一番「品川寺」。かつては笠を被っていた

南品川のお地蔵さんたちと石仏

地図 P.47

　目黒川の南、南品川一～三丁目は、飯盛女を置いた旅籠も多かったが寺院も多い。現在は個性的なお地蔵さんの密集地帯である。

●ホームラン地蔵（海徳寺）：元巨人軍の王貞治選手が新人の頃、心臓病を煩っていた岩崎和夫少年にホームラン王になることを約束していたが、彼は十四歳で亡くなってしまった。

　その後、王選手はたびたび少年の墓を参り、ホームランの世界記録を樹立した時にも報告に訪れた。その墓標が右手にバットとボールを持ったホームラン地蔵だ。

●責任地蔵（天龍寺）：東海道線の碑文谷踏切があった場所は現在、隧道になっているが大正七（一九一八）年、一人の銀行員が大崎の自宅へ帰るため、人力車に乗って踏切を渡ったところ、貨物列車にはね飛ばされて即死した。その時、二人の踏み切り番がいたが、一昼夜交代というの激務の中、一人は仮眠中、一人は居眠りをしていたらしい。

　責任を痛感した二人は事故の直後、寄り添うように線路上に横たわり自らの命を絶った。この一連の事故は多くの人々の同情を誘い、三人の供養のため小さな三体の地蔵が建立された。そのうちの一体は耳に手を添え、聞き耳を立てているように見える。

●縛られ地蔵（願行寺）：本来は縛り地蔵とよばれていたはずだが、願行寺地蔵堂の解説板では縛られになっている。開眼は承応元（一六五二）年、再建は天保十二（一八四一）年というが、大戦で頭部を失った。

　失われた頭は祈願が成就した人たち

↑←天龍寺・責任地蔵。踏切事故に係わる３人の犠牲者を供養するため造られた。中心の地蔵は近づく列車の音に聞き耳をたてているかのようだ

↑海徳寺・ホームラン地蔵

が新しく造った頭部を接ぐようになったため、尊像の周囲には奉納された頭部が並んでおり、見ようによっては少々不気味である。

　病や災難、貧苦に苦しむ人が地蔵を荒縄で縛り、願を掛ける。ただ、縛り続けるのは不憫と、十夜目には住職が縄を解くが、翌日には再び縛るのだという。原型をとどめないほど何重にも厚く縛られている葛飾区・南蔵院の「縛られ地蔵」とは祈願の方法が異なっており、こちらの方が全体的におっとりした印象だ。

●投げ込み寺の頭痛塚（海蔵寺）：俗に品川の投込寺とよばれた海蔵寺の山門をくぐった右手奥に多くの地蔵尊や菩薩像、供養塔を積んだ塚がある。

　品川の溜牢で獄死した人々の遺骨を集めて宝永五（一七〇八）年に築かれたのがはじめで、鈴ケ森で処刑された人の骨も一部入っているという。ゆえに首塚とよばれた。その名から塚にお参りすると頭痛に霊験があるということになったのだろう、「頭痛塚」ともよばれる。また、一八三三～三九年の「天保の大飢饉」で品川で亡くなった「二百五十人塚」もこの塚に合葬された。

　裏には塚に接するようにして民家が建つ。筆者が塚の周囲をウロついていたら〝ピシャリ〟と戸を閉められて思わず首をすくめた。首塚の霊力は今も健在だった。

●平蔵地蔵（海雲寺）：平蔵という正直者の非人を供養した地蔵で、正確には蔵の字が重なるため平地蔵と名付けられていた。

　石碑に書かれた由来によれば「江戸の末、万延元（一八六〇）年頃、鈴ケ森刑場の番人をしながら交代で町に出て施《ほどこ》しを受けて暮らしていた三人連れ

↑海蔵寺・頭痛塚

→願行寺・縛り地蔵（縛られ地蔵）

の乞食（青物横丁に住んでいた非人頭・松右衛門配下の者だろう）がいた。その一人平蔵はある日、多額の金を拾ったが、落とし主を探し出し当然のこととして金は返し、謝礼の小判を断り、仲間と飲むための些少の礼金のみ受け取ったという。そのことを知らされた仲間の者は、金を山分けすれば三人とも乞食をやめて暮らせたのにと腹を立て、平蔵を自分たちの小屋から追い出し凍死させてしまった。

これを聞いた金の落とし主である仙台屋敷に住む若い侍は平蔵の遺体を引き取り、青物横丁の松並木の場所に手厚く葬り、そこに石の地蔵尊をたて、ねんごろに供養しつづけた」とある。それが京浜電車開通の折、海雲寺に移された。ちなみに当寺は千躰荒神《こうじん》で知られる。

●砲弾と閻魔大王（海晏寺《かいあんじ》）：旧東海道から多少離れるが青物横丁駅を過ぎたあたりを第一京浜まで出て、それを渡ったところが海晏寺だ（左頁）。

かつては「あれ見やしゃんせ海晏寺、真間や高尾や竜田でも及ばないぞえ紅葉狩」と唄われるほどの名所だった。『江戸名所図会・巻之二・海晏寺紅葉見之圖』を見ると紅葉の下に台をしつらえてそれぞれに楽しむ風流な行楽地は今、第一京浜を行き来する車に敷地を譲り、紅葉は排気ガスを浴びてすっかり精彩を失った。

それでも境内にはさまざまな石碑などが残るが、中でも筆者の目を惹いたのは小振りな閻魔王の石像だ。閻魔王は地獄に於ける地蔵の化身ともされる。杓の部分は欠け、尊顔もずいぶん摩耗しているが、これだけ角が取れると、さすがの閻魔さまも穏やかな表情になるものである。

↑海雲寺の平地蔵（平蔵地蔵）

→海雲寺・千體荒神の御影札。寛永14（1637）年に起こった島原の乱において荒神を信仰する鍋島直澄軍の先頭に千余の神兵が立ち、凄まじい活躍をしたという縁起がある。本来、荒神は戦神ではなく竃や火、水などを守る台所の神である。しかしキリシタン側の神兵は現われなかったのだろうか

↑海晏寺の閻魔王。戦没者供養のつもりだろうか砲弾が奉納されている

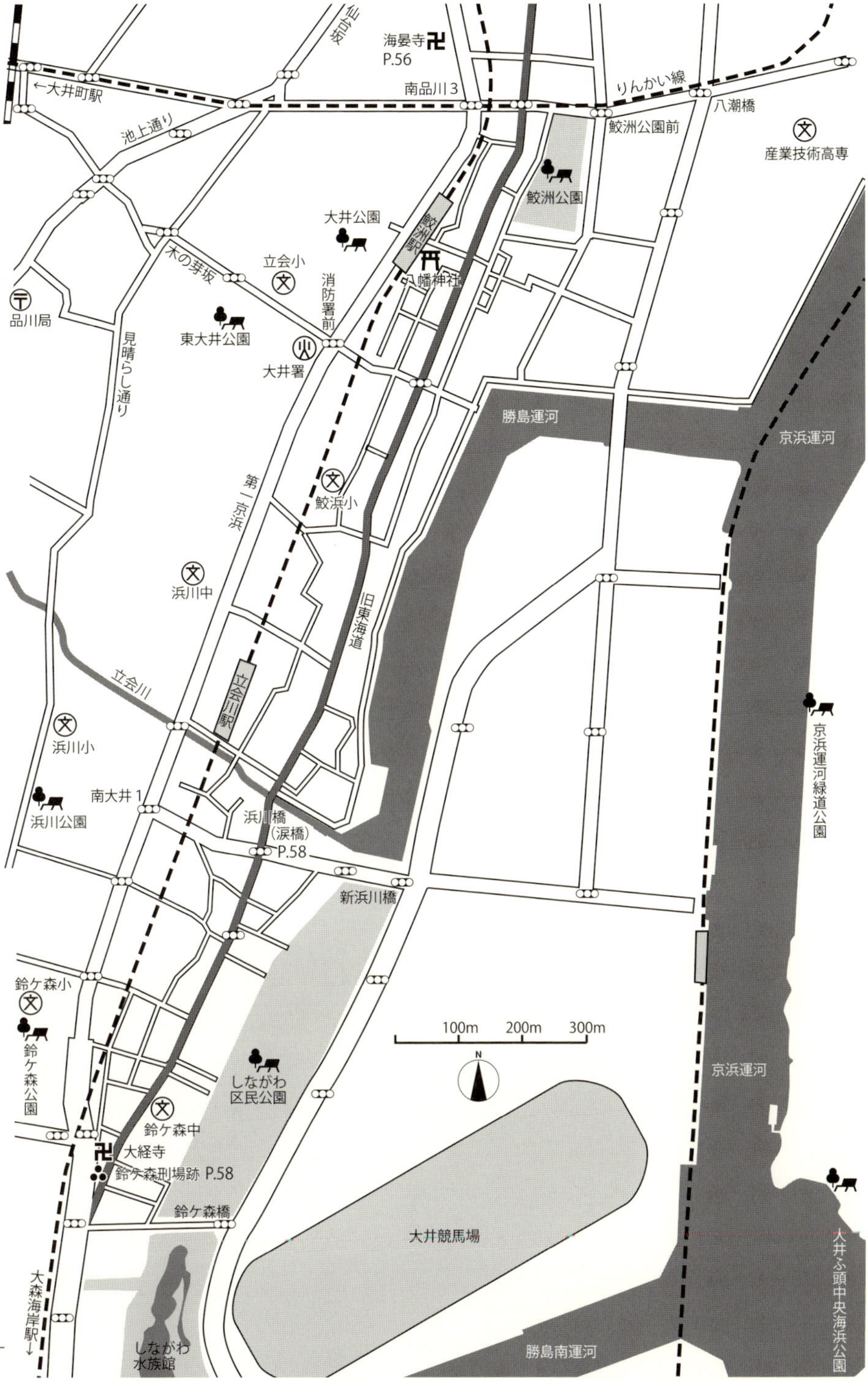
仙台坂
海晏寺
P.56
←大井町駅
南品川3
りんかい線
八潮橋
池上通り
鮫洲公園前
産業技術高専
鮫洲公園
大井公園
鮫洲駅
木の芽坂
立会小
八幡神社
消防署前
品川局
東大井公園
大井署
見晴らし通り
勝島運河
京浜運河
第一京浜
鮫浜小
浜川中
旧東海道
立会川
立会川駅
浜川小
京浜運河緑道公園
南大井1
浜川公園
浜川橋
(涙橋)
P.58
新浜川橋
鈴ケ森小
100m
200m
300m
鈴ケ森公園
しながわ
区民公園
京浜運河
鈴ケ森中
大経寺
鈴ケ森刑場跡 P.58
鈴ケ森橋
大井競馬場
大森海岸駅↓
大井ふ頭中央海浜公園
しながわ
水族館
勝島南運河

鈴ケ森刑場（一本松獄門場）

立会川の涙橋

地図 P.57

品川宿の南端、海晏寺を過ぎるとだいぶ寂しくなる。とはいえ参勤交代で東海道を通過する大名は百五十藩以上、他に公用の旗本や幕臣、使節朝廷の勅使、外国からの使節などもここを通過したし、大山参り、伊勢参り、金毘羅参りなどで東海道を利用する庶民も多かったから交通量は街道一を誇った。

しかし、裸馬に乗せられて府内から鈴ケ森に送られる罪人にとっては片道通行となる。密かに見送りに来た親族や恋人と互いに涙を流しながら今生の別れをしたといわれる場所が浜川橋、通称「涙橋」である。ここから刑場までは七百メートル足らず、ほぼ直線だから、いつまでも後ろ姿が見えたはずだ。罪人にとっては、この橋がこの世とあの世の境界となった。

浜川橋は京急本線「立会川駅」から百メートルあまり東にある。小塚原刑場近くにも泪橋《なみだばし》があるが、こちらについては後述する。

品川のお仕置場・鈴ケ森刑場

地図 P.57

慶安四（一六五一）年、日本橋本材木町から芝高輪刑場を経て鈴ケ森に刑場が移された。その直後に由井正雪事件の首謀者の一人、丸橋忠弥が処刑されている。以降、鈴ケ森には獄門首が晒される。当時大都市へ続々と流入してくる浪人や無宿者などへの警告・見せ締めの意味もあった。

記録が残っていないので定かではないが明治四（一八七一）年に刑場が廃止されるまでの二百二十年間に十万～二十万ともいわれる罪人が処刑されたという。一日一人以上が斬首、磔《はりつけ》、火あぶり、水磔（溺死させる）などで処刑されたことになるが、大経寺（後述）では供養のために掘起こした骨の数から計算して数千名程度だったのではないかという説を唱えている。そうなると年間十人以下となる。

首斬り役人によって執行される斬首以外の処刑で直接手を下すのは非人の役であった。彼らの余得は罪人の服だったという。死に至るまでの執行過程はかなり凄惨な様子だったらしく、死後も三日間そのまま晒《さら》された後、埋葬もされずに穴に放り込まれる。刑が下される前に牢中で獄死した者は塩漬けにされたまま刑を執行された。

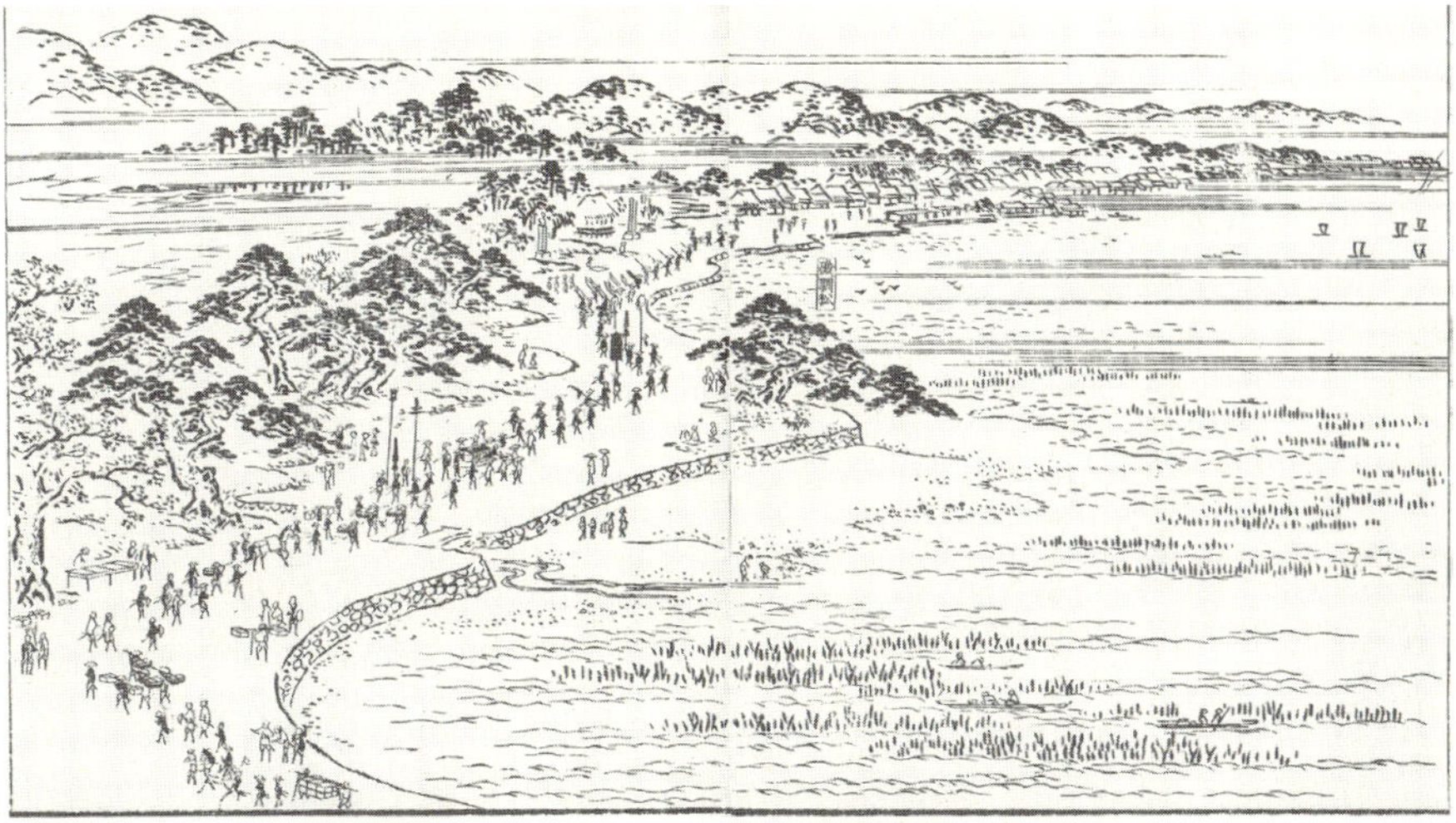

↑旧東海道は鈴ケ森で第一京浜に合流する　↑立会川に架かる涙橋（浜川橋）
←火あぶり台。お七など火あぶりの刑を受ける処刑者はこの穴に立てた鉄柱に縛り付けられ生きたまま焼き殺された　↓旧跡には多くの供養塔が立つ。右は歌舞伎でも有名な題目塔　↙安政の大火で焼け死んだ馬たちの供養塔

→南品川妙蓮寺にある丸橋忠弥の首塚。落とされた首がここまで飛んできて住職の枕元に転がったという。塚が向いている先には薄雲太夫の墓があるが向き合っているわけではない

←目白金乗院の丸橋忠弥の墓

一方、罪人の四割ほどは冤罪《えんざい》だったのではないかともいわれている。一度嫌疑を掛けられた者は激しい拷問を受けて自白を強要されたから真犯人が見つからない限りは有罪となった。

中には、どうせ死罪になるならと他人の罪まで被《かぶ》って処刑された義賊もいたというが、江戸の治安はこうして守られていたことも事実なのである。

鈴ケ森刑場跡は大経寺境内にあり、東京都の旧跡になっている。当時よりだいぶ狭くなっているようだが、高さ三メートルを超す有名な「ひげ題目供養塔」をはじめ六十六部供養の延命地蔵、落とした首を洗った塩水の井戸、処刑の柱を立てた「磔台」と「火あぶり台」、そのほか罪人以外の供養塔なども集められている。

大経寺の僧に、ちょっと興味半分で「幽霊は出ませんか?」と尋ねると、ごく真面目な顔で「いいえ、ここはお寺ですから」と答えられた。しっかり供養しているので彼らはみな成仏しているはず、という意味と理解した。

鈴ケ森に散った仇花たち

●丸橋忠弥：慶安四（一六五一）年、磔《はりつけ》。忠弥は軍学者・由井正雪《ゆいしょうせつ》が起こした反乱未遂事件（慶安の変）の首謀者の一人。出生に関しては諸説あるが土佐の大名・長宗我部《ちょうそかべ》盛親《もりちか》の側室の子ともいわれる。

当時は西軍の敗北により、四十万もの浪人がいた。正雪は五千余の浪人の支持を集め、幕府の転覆を謀る。その作戦は、江戸・駿府・大坂・京都で同時に決起、混乱に乗じて天皇を擁し、倒幕の勅命を得ようとする同時多発テロだったが、事前に密告者が出て頓挫。

忠弥は十文字槍の名手で、御茶ノ水

→平井権八『英名二十八衆句』芳年画。極悪も歌舞伎のヒーローになれば庶民の喝采を浴びるようになる

←目黒不動尊の仁王門前にある。平井権八と小紫の碑。「悪党と悲恋」は洋の東西にかかわらず昔も今も人気があるようだ。しかし、権八の手にかかった罪のない130余人の供養塔はないのだろうか

の道場（現・医科歯科大学病院構内）に多くの門弟を抱えていた。彼の担当は江戸城の火薬庫に火を付け、江戸市中を焼き討ちし、慌てて登城する老中以下の幕閣や旗本を討ち取る役だった。

　この忠弥こそ鈴ケ森で最初に処刑された人物といわれ、家族ともども磔の刑に処された。しかも忠弥の場合は何度も槍で貫かれて処刑された遺骸を、さらにもう一度磔にされ再び槍で貫かれたという厳しいものだったという。

　品川区南品川・妙蓮寺、薄雲太夫の墓の近くに忠弥の首塚がある。他にも墓は豊島区目白・金乗院（戒名は「尭雲院忠徳道盛居士」）、神奈川県伊勢原市・上行寺などにある。

●平井（白井）権八：延宝七（一六七九）年、磔。権八は鳥取の武家の出で剣術・柔術共に屈指の使い手だったが血の気が多く喧嘩好きだった。ある時、自分の父に対する暴言を吐いた同僚を斬り殺す。当の父は息子に金を渡して脱走させた。権八は強盗を働きながら江戸へ出る。もともと男前のうえ美声でワルと三拍子揃えば吉原でもモテて、三浦屋の名妓・小紫（二代目）と良い仲になる。しかし小紫に逢うには金がいる。

　権八は辻斬りを続け、結局百三十人余りを手にかけて金を作り続けた。当然お尋ね者となり、密かに故郷を訪ねるが家は没落していた。さすがの権八も落胆の余り病魔に襲われる。小紫への恋慕の念がふつふつと生じるが自力で江戸へ帰ることもままならず、一計を案じて大坂町奉行へ自首する。

　唐丸籠《とうまるかご》（罪人を護送するための竹籠）で江戸へ護送される途中の藤沢で脱走。その夜のうちに小紫と首尾良く逢瀬を果たしたというから凄い執念だ。

　その後、羽織袴姿で悠然と江戸町奉

行へ赴き、再び自首して出た。

　鈴ケ森に三日間遺棄された死体は、縁のあった目黒・東昌寺の和尚が引き取った。いかにして郭を抜け出したのか、そこに小紫が尋ねてきて和尚に五両の布施を渡した後、権八の墓前で自害した。二人の供養塔「比翼塚」は現在、目黒不動尊・仁王門の前にある。

●八百屋お七：天和三（一六八三）年、火あぶり。　お七はわずか十六歳。動機も一途で幼い恋心の暴走だったことから歌舞伎や浄瑠璃の題材にもなった。
　お七は本郷で八百屋を営む夫婦の養女だった。天和元（一六八一）～二年の大火で類焼し一家は文京区駒込の圓乗寺に寄寓する。寺には吉三という小姓がいて、お七と恋仲になった（お七の相手には諸説あるがここでは吉三としておく）。一年半後に本郷の家が再建されるまで、二人は一つ屋根の下で甘美な日々を過ごした。

　やがてお七は新しい家に帰るものの、吉三への恋心は募るばかりで、再び家が焼ければ、また圓乗寺に戻れると思い込むようになり放火を実行する。

　この火事以降、江戸幕府は火除け地を確保するなどの防火対策を実施せざるをえなくなるほどの大火だったようだ。さらに、この年生まれの女性は夫を殺すという丙午《ひのえうま》の迷信もお七が出処《でどころ》といわれる。

　お七を裁いた町奉行・甲斐庄正親《かいしょうまさちか》は十六歳の純な命を何とか救おうとしたらしく「おまえの歳は十五であろう」と再三問いただすが（十五歳以下は罪一等を減じられ、死罪は免れる）正親の意図を理解できなかった彼女は愚直に十六であると主張し続けた。

　天和三（一六八三）年三月二十九日、彼女は生きたまま火あぶりの刑に処せられた。お七の遺体は実母が、故郷（現・千葉県八千代市）の長妙寺に埋葬したというが、一般的に知られる墓は彼女が戻ろうとした圓乗寺にある。お七地蔵もここにある。また、近くの大円寺には彼女の罪業と処刑時の火の苦しみを救うための「ほうろく地蔵」が立つ。長野県善光寺にもお七地蔵があるから、彼女に対する社会の同情は全国規模だったのだ。

　一方の吉三はほどなく出家して高野山へ入ったとも、目黒川に雁歯《かりば》橋（太鼓橋）を架けた明王院（現在は目黒雅叙園）の僧・西運上人《さいうんしょうにん》のことだともいわれ、雅叙園脇の行人坂にある大圓寺に遺物が残っている。

　放火犯に対する極刑は現代人から見ると厳しすぎるようだが、そもそも戦における城攻めは、まず城下町を焼き払うことにがセオリーとされていたか

↗市中引き廻しのお七／画：伊藤晴雨
↑文京区圓乗寺の「お七地蔵」。地蔵堂の奥にはお七の墓がある
↖文京区大円寺の「ほうろく地蔵」こちらもお七供養のために建立された
→目黒区大圓寺の「目黒川架橋供養勢至菩薩石像」。像の銘文には、宝永元（1704）年、西運という僧（吉三＝お七の恋人）が目黒不動と浅草観音に毎日参拝し、往復の途中江戸市民の報謝をうけ、雁歯橋（太鼓橋）を架けたとある
←境内には雁歯橋の石材を使用した碑が立つ

ら致し方ないところであった。

●天一坊改行《てんいちぼうかいぎょう》：享保十四（一七二九）年、獄門。元禄十二（一六九九）年、紀州田辺に生まれた。母よしが紀州和歌山城に奉公に上がっていた折、懐妊して里に帰され天一坊を産んだ。十四歳の時母が亡くなり、出家して修験者となる。十七歳の享保元（一七一六）年、紀州の殿様だった徳川吉宗が八代将軍になると、自分は公方様の御落胤だと放言するようになる。

　享保十三（一七二八）年、天一坊は南品川で「近々自分は大名になる」と浪人を集め将来の役職まで与え始めた。

　このことは吉宗の耳にも入り「覚えがある」とまで言ったとか。そうなると幕府も慎重に対応せざるを得ず、時間をかけて調査した結果、話の大部分を虚飾していたことが発覚。翌年には捕らえられて獄門となった。

●逆《さか》さ天一坊事件：ついでながら、その九十年後、文政元（一八一八）年に同じ南品川で「逆さ天一坊事件」という何とも不可解な詐欺事件が起きた。

煙草屋・籐兵衛は出入りの按摩から「あなたは土州藩主の御落胤で近々先方からお迎えが来るはず」といわれる。

やがて立派な武士の家に招かれ訳のわからぬままに歓待を受ける。後日正式な迎えが来るといわれ、籐兵衛は大小の刀や羽織袴を揃えるが家財一式を売り払っても足りず娘を身売りする。娘のほうもお姫様になれるとなれば、少しの辛抱ならさほど抵抗はない。

お迎えがきた当日、畳もない部屋で御一行にありったけのご馳走を出すが、やがて一人二人と席を立ち誰もいなくなった。呆然とする籐兵衛だったが、侍の屋敷も按摩の住居もわからず、やがて進退窮まって身売りした娘を置いたまま何処《いずこ》かに出奔してしまった。

鈴ケ森の鈴石

地図 P.67

鈴ケ森の刑場から第一京浜を五百メートルほど南下すると磐井《いわい》神社がある。江戸時代には鈴森八幡宮とよばれていた。『江戸名所図会・巻之二・鈴森八幡宮』によれば祭神は応神天皇、仲哀天皇、神功皇后の三体。現在は大己貴命《おおなむちのみこと》（大国主命）も祀っている。

この神社には鈴ケ森の名の由来となった鈴石《すずいし》がある。『江戸名所図会』には「相伝ふ、他の石をもつてこれを撃てば、その石、鈴の音ありと。当社伝記に、この霊石によりて、この地の名を鈴石森といふ…といへども詳《つまび》らかならず…」また「この社に旧へ一石あり、これを転ずればすなはちその声鈴のごとし」「あるいはいふ、昔の石は賊のために奪はれたりといふ」云々。さらに磐井神社略歴には「此石は、神功皇后三韓征伐の際、長門國豊浦の海にて得玉ひしものにて云々」とあり、さまざまな霊験があったという。

宮司さんに「鈴石は今でも残っているのでしょうか」と伺うと意外にあっけなく「ああ、ありますよ」と社務所入口奥に祀ってある黒い塊を示された。

おそらく何代目かと思われるが、黒く光って巨大なオハギのようである。叩かしてはいただけなかったが「鈴ケ森の名の由来は静かな森が訛ったという説もあります」と教えていただいた。

ここには社宝の「烏石《うせき》」や「鷹石」などもあるというが、境内の筆塚で線彫りの狸が珍しい。筆は狸の毛を使用するから狸供養塔でもある。

ちなみに鈴ケ森の由来は、この近くに暖簾を押すと鈴が鳴る茶屋（遊郭）があったからという説もある。

刑場から飛んできたお七地蔵

地図 P.67

磐井神社より百メートルほど南の大森北交差点を西（右）に折れ、京急本線のガードをくぐって百数十メートル行った南側（左側）に密厳院がある。かつては大森付近の十四の神社の別当寺だったから城南における三大寺の一つといわれたほどだ。じつは処刑されたお七の遺体を引き取り埋葬したという説もある寺院である。

お七の供養地蔵や墓は前述した長妙寺、圓乗寺、大円寺、善光寺などにもあるが、当然ながらこちらにもお七地蔵と称する石仏がある。かつては鈴ケ森刑場にあったというが、ある時、一夜にして密厳院に飛来したという。したがって一夜地蔵の名もある。台座にはお七の三回忌にあたる貞享《じょうきょう》二（一六八五）年四月二十四日の銘があるという。

ところでお七地蔵の隣に舟後光型《ふなごこうがた》の阿弥陀如来座像がある。寛文二（一六六二）年の造立だが、じつは庚申塔である。庚申信仰の主尊は青面金剛とは限らないのだ。尊顔に向かって右に「庚待供養」の文字がかすかに残る。一般に阿弥陀如来の印相は親指だけを伸ばして他の指を曲げる阿弥陀定印《じょういん》といわれるものだが、この如来は指を曲げずに手を上に向けて重ねる法界定印《ほうかいじょういん》を結ぶ。このような庚申塔は全国的にも珍しいものだ。

↑磐井神社の筆塚には狸が彫ってある

↓現在の鈴石

↑密厳院のお七地蔵（右）と阿弥陀如来の庚待供養塔（左）。お七は丸顔だったといわれるが、このお地蔵さんも丸顔で可愛らしい

大森から六郷の渡しまで

大森・蒲田の三大名物

●麦藁《むぎわら》細工：江戸の中期から昭和初期まで続いた有名な土産物だった。

『江戸名所図会・巻之二・麦藁細工』を見る限りでも笠や帽子はもちろんのこと、縁起物、玩具、人や動物の人形、余興用のカツラ、篭や精巧にできた箱状の物入れなど、あらゆる作品が店内一杯に展示されており、文言は「大森村の名産にしてこれを鬻《ひさ》ぐ家もっとも多し。五彩に染めて種々の器物を製す。他邦の人求め家土産にせり」。

明治には産業博覧会に出品されたり海外へ輸出されたほどの実績がある。一時、技術は途絶えたというが平成十九（二〇〇七）年に大田区立郷土博物館で「大森麦わら細工」の展覧会が開催され、技術の復元活動も行なわれているようだ。

●海苔：地元では品川海苔、大森海苔とよばれるが、これが浅草で売られると浅草海苔とよばれる。もちろん浅草でも海苔は作られていたのだが、元禄十六（一七〇三）年の大地震で潮流が変じて以来、海苔が寄り付かなくなり品川・大森方面が名産になった。

『江戸名所図会・巻之二・浅草海苔』には「大森・品川等の海に産せり。これを浅草海苔と称するは、往古《いにしえ》かしこの海に産せしゆゑに、その旧称を失はずしてかくは呼び来れり。秋の時正《ひがん》に麁朶《そだ》を建て、春の時正に止《とど》まるを定規とす。寒中に採るものを絶品とし、一年の間囲ひ置くといへどもその色合ひ風味ともに変はることなし。ゆゑに高貴の家にも賞翫《しょうがん》せらるるをもって、諸国ともに送りてこれを産業とする者夥しく、実に江戸の名産なり」とある。

大森は海苔養殖発祥の地である。かつては将軍へ上納されていたほどだが、昭和三十七（一九六二）年、東京オリンピックに向けてのインフラ整備（モノレール建設）にともない、養殖場は埋め立てられ、その歴史は閉じられた。

しかし今でも多くの問屋は残っている。さらに平成十九年には大森ふるさと浜辺公園に海苔ヒビが立てられ、実験的な養殖の復活が試みられ、小学校の体験学習にも採り入れられた。今でも季節には細々ながら生海苔の佃煮なども作られて販売されている。

なにしろ今やアサクサノリは環境省指定の絶滅危惧種である。伝統とともに大切に守っていただきたい。

●和中散と梅林：「和中散」とは食あたりや暑気あたりなどに効く旅行者の常備薬でもともとの発祥は近江の梅木といわれるが、そこに縁のある者が大森で開業したという。

江戸時代中頃から西大森村中原「志位寿朴」、東大森村谷戸「長谷川」、北浦田村「梅木堂」の三軒があって、ともに立場《たてば》茶屋（宿場と宿場の間で営業された休息所）としても繁盛した。中でも梅木堂では広大な庭に多くの梅を植え、梅屋敷と称した。

京急本線「梅屋敷駅」には梅屋敷公園がある。もともと「この地（蒲田）の民家・農家は、前庭後園ともにことごとく梅樹を栽ゑて、五月の頃、その実を採りて都下に鬻《ひさ》ぐ。されば、二月の花盛りには、幽香を探り遊ぶ人少なからず」と『江戸名所図会・巻之二・蒲田の梅』にあるように亀戸と並ぶ名所だった。挿絵には「梅干しを見知ってゐるか梅の花　嵐雪」という句が添えられているが歌心のない筆者には上手なのか下手なのかわからない。

梅屋敷公園には明治天皇の行幸も何度かあったほどの歴史があり、句碑・歌碑などもちらほらと建つ史跡となっているが、梅の開花期以外は人も少なくだいぶ寂しい。

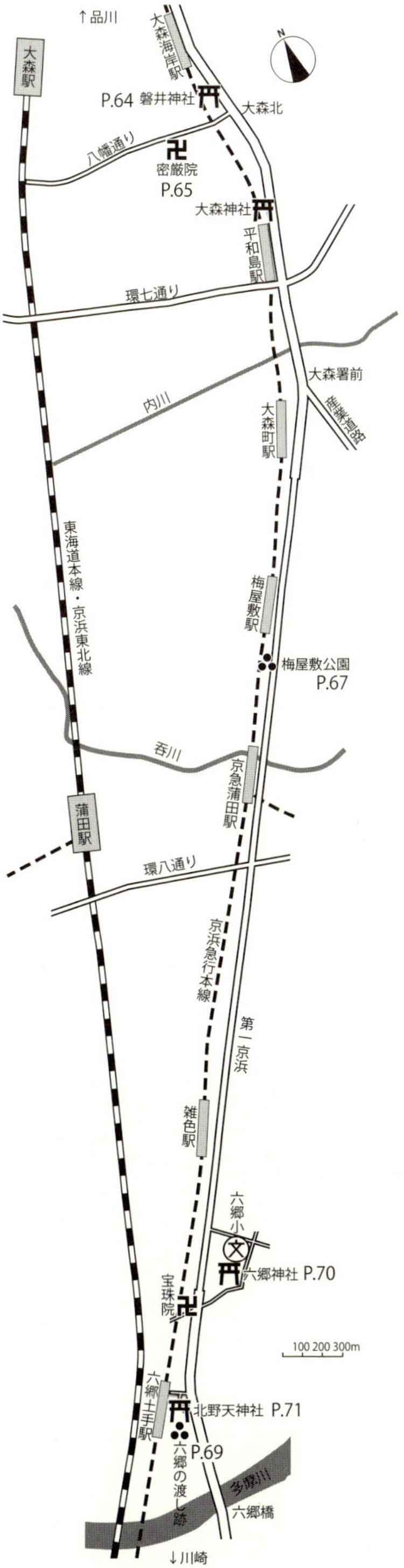

↑『江戸名所図会・巻之二・麦藁細工』

↑『雙筆五十三次・川崎／広重、豊国』に描かれた麦わら細工の箱を作る婦人。上部は六郷渡し

↑『江戸名所図会・巻之二・浅草海苔』作業の様子・手順がよくわかる

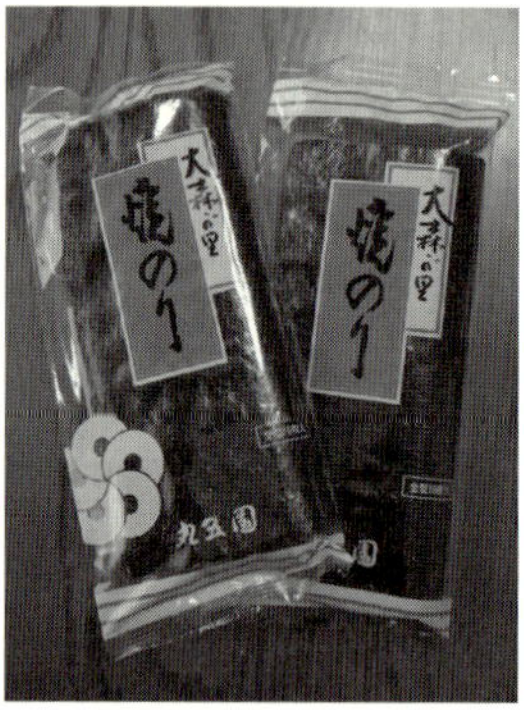

↑大森在住の友人が送ってくれた「大森の里」というブランド名の焼海苔。マークのデザインは梅をイメージさせる

↑『江戸名所図会・巻之二・大森和中散』旅の必需品だった

↑梅屋敷公園内には句碑・歌碑が多くあるが復元されたものが多く、この里程標も新しいものだ

東海道江戸の国境・六郷《ろくごう》の渡し

地図 P.67

　日本橋から四里半（約十八キロメートル）、いよいよ江戸の果てである。しかし逆ルートで江戸を目指してきた旅人にはホッとする距離だろう。

　江戸側は八幡塚村、多摩川の対岸は川崎宿である。この辺りの多摩川は六郷川ともよばれた。ここに初めて橋を架けたのは小田原北条氏だ。しかし永禄十二（一五六九）年、武田信玄が江戸に攻め入り、品川を焼いた勢いのまま小田原を襲う構えを見せたので、北条側は六郷橋を焼き落として武田勢の進軍を止めた。

　その後、家康が慶長五（一六〇〇）年に再び架橋したが、多摩川は度々暴れた。貞享三（一六八六）年の洪水で橋が流されて以降は渡船にした。それまでは両国橋、千住大橋と並び、江戸の三大橋と称され、長さは百二十間（約二百十八メートル）あったという。

　明治七（一八七四）年に八幡塚村の名主・鈴木左内らが有料の木橋（左内橋）を架けたが、大正十四（一九二五）年にコンクリート橋が架けられるまで渡船も使われていた。

　『江戸名所図会・巻之二・六郷渡場《わたしば》』に描かれている舟はずいぶん大きく、馬まで乗っている。「馬のへに四五人こまるわたしぶね」とは六郷の渡しを詠ったとは限らないが、身動き取れぬ舟内で馬の尻側に席を取ってしまい、お気の毒さま…といった状況だ。しかし明治・大正の頃には三十人乗りの歩《か》行《ち》舟六艘、馬舟は八艘あったというから、後に人馬は別々になったようだ。

　渡し跡の標柱は北野天神（後述）の鳥居脇にあるが、筆者が確認した時点では文字が消えてほとんど読めなかっ

→『江戸名所図会・巻之二・六郷渡場』。数軒の茶屋が並んでいたという。絵の二人は乗れたのだろうか

た。「日本橋へ四里半」「六郷の渡」と書いてあったはずだ。少し離れたところに立つ大田区教育委員会の解説板の文字もだいぶ薄くなっている。

それに引き換え、近くの宮本台緑地には大正十四（一九二五）年に架けられた先代の親柱と橋門が残されている。どうも不便だった渡し時代の紹介にはあまり力が入らないようだ。

実際の渡しは第一京浜六郷橋よりさらに百数十メートル程東（下流）にあったという。渡しを利用した人々の中には鎌倉の縁切寺・東慶寺へ駆け込もうとする女房たちもいた。

「六郷で よう〳〵嫁を捕《と》らまえる」「渡し守《もり》 知らぬというは情けなり」などは江戸から川崎へ渡る様子だが、縁切寺で三年過ごせば離縁が認められるということで「六郷を 静かに越える三年目」とは、川崎から江戸へ渡る様子を詠った古川柳だ。

また、今でも厄除けで人気のある川崎大師へ参拝する厄年の男女たちもいた。「二十五と 四十二で混む渡し舟」とは女性の初厄と男性の大厄を揶揄《やゆ》したものだ。

現在の六郷橋は長さ約四百四十四メートル、幅約三十四メートル半と立派なもので広大な河原には野球場やゴルフ練習場などがある。

しかしその一方で流れ間際の草原にはブルーシートを張ったホームレスの小屋が目立つ。このような厳しい現実を目の当たりにすると、かつての渡しの旅情をのんびりイメージするムードにはなかなか浸れない。

●六郷神社：六郷土手の手前（北東）五百メートルほどにある八幡塚村の村名の由来となった古い社で『江戸名所図会・巻之二・六郷八幡宮（挿絵では

↑広重の『東海道五拾三次・川崎』こちらの舟は多少小さく描かれているが、川崎宿は目前である

←川崎側から渡し場跡と思われるあたりを望む。正面の茂みの中にはホームレスの小屋が散在する

八幡塚八幡宮)』でも紹介されている。

子供流鏑馬《やぶさめ》と出世祈願で有名だが、流鏑馬の的が「八方にらみ」とよばれる四対の鬼の目である。ところが、その同じ鬼の目が魔除けの札《ふだ》にもなっているから鬼も忙しい。ちなみに栃木県足利の薬師さんに奉納する絵馬も八つ目だが、こちらは病眼《やんめ》=八《や》ん眼の意味で眼病治癒の祈願である。いずれにせよ珍しいデザインだ。

また境内には左内橋時代の木の橋脚がある。大正十四(一九二五)年に架け替えられて以来ここにあるもので、小さな屋根の下とはいえ、伐り出されて少なくとも百四十年も経っているとは思えないほどしっかりしている。

同じ境内には非常に愛嬌のある狛犬がいる。貞享二(一六八五)年に奉納されたもので大田区内で最も古い。

第一京浜に面した入口には東海道跡の碑が立っていた。道を挟んだ宝珠院は六郷神社の別当寺だった。こちらは赤門が印象的だ。『江戸名所図会・巻之二・六郷八幡宮』には「鎌倉右府《うふ》将軍源頼卿、安房国《あわのくに》より大軍を率し、鎌倉へ入りたまふ頃、このところにて旗《はた》を建て、軍勢の著到《ちゃくとう》を記したまひし旧跡なりといへり」とある。

●北野天神:六郷橋の北詰にあり、「止め天神」とよばれる。祭神の道真公が八代将軍吉宗公の落馬を止めたという縁起があり、毎月二十五日の縁日に参拝者は神前の木馬にまたがって願い事をするという。当然「落ちませんように」ということで受験生に人気がある。

また、境内には「通りゃんせ通りゃんせ」の歌詞で知られる「天神様の細道」がつくられている。短い道だが懐かしさがほのぼのと甦るアイデアだ。

↑落馬止め天神(止め天神)の絵馬。赤駒が勇ましい

→六郷神社の狛犬は柵で囲まれていて直接触れられないのが残念だ。筆者お気に入り狛犬のベスト5に入る

↑左内橋時代の橋脚

↑流鏑馬の的にもなる鬼の目

辺境〜異国出入り口

旧東海道品川宿入り口（上）。八ツ山橋と新八ツ山橋の間に京急本線の踏切がある。ここから先が旧東海道で、鈴ケ森刑場跡まで約５キロ続く。手前には解説板、ベンチ、トイレなどがあって探索気分を盛り上げてくれる
解説板川崎市から見た六郷橋（下）。流れの中程が東京都と神奈川県の境で、橋の上にも標識がある。橋は 400 メートル以上あるので対岸はなかなか遠い

第三章　甲州街道の年輪を探る

甲州街道上の境界線

- 最初の出入り口　**四谷大木戸**
- 時代の交差点　**江戸の残像スポット**
- 新宿場町　**内藤新宿と江戸六地蔵**
- 旧宿場町　**高井戸宿と旧道**
- 山岳地帯への入口　**日野の津と幻の刑場**

甲州街道（国道20号線）は五街道中、一番寂しい道だった。利用する大名はわずか三家。ただ、甲府は江戸の直轄領で甲府城は徳川家の避難所だったから一種の軍用道路だったようだ。甲府を過ぎれば下諏訪で中山道に合流する。

　では江戸府内から出るとひたすら田舎かといえばそうではない。多摩地域は江戸時代以前まで関東の中心地だった。すなわち府中には古代の国府と、その北には国分寺・国分尼寺があった。今でも武蔵国総社六所明神社（大国魂《おおくにたま》神社）がある。その先の八王子は桑都《そうと》とよばれた大都市である。つまり甲州街道は多摩という文化の中心地と江戸を結ぶ道だったともいえる。

　ここで筆者なりに江戸の果てを探せば「日野の渡し」と「大和田刑場」になるだろうか。江戸の範囲からはだいぶ離れるが少しだけ触れてみた。

N
市谷薬王寺町
市谷仲之町
住吉町
曙橋駅
合羽坂下
市谷本村町
靖国通り
P.90
自證院
富久小
成女高・中
P.89
養国寺
西迎寺 P.89
富久町
釣り地蔵
P.89
暗闇坂
大木戸坂下
外苑東通り
杉大門通り
津之守坂入口
三栄町
新宿歴史博物館
安禅寺
P.90
四谷署
四谷3
四谷三丁目駅
P.79
新宿通り
四谷2
四谷1
四谷4
お岩水かけ観音
P.86
四谷小前
円通寺坂
祥山寺 P.80
円通寺
法蔵寺 P.80
四谷署
四谷小
四谷1
笹寺
P.84
東福院 P.81
愛染院 P.81
P.82
P.86
田宮神社
須賀神社
蓮乗院
陽雲寺
P.86
P.82
真成院
西念寺
P.83
P.84
勝興寺
戒行寺
P.83
左門
外苑西通り
四谷駅
四谷駅
学習院初等科
迎賓館
京町
慶応病院
朝日橋
せきとめ神
P.76
みなもと町公園
赤坂御用邸
信濃町駅

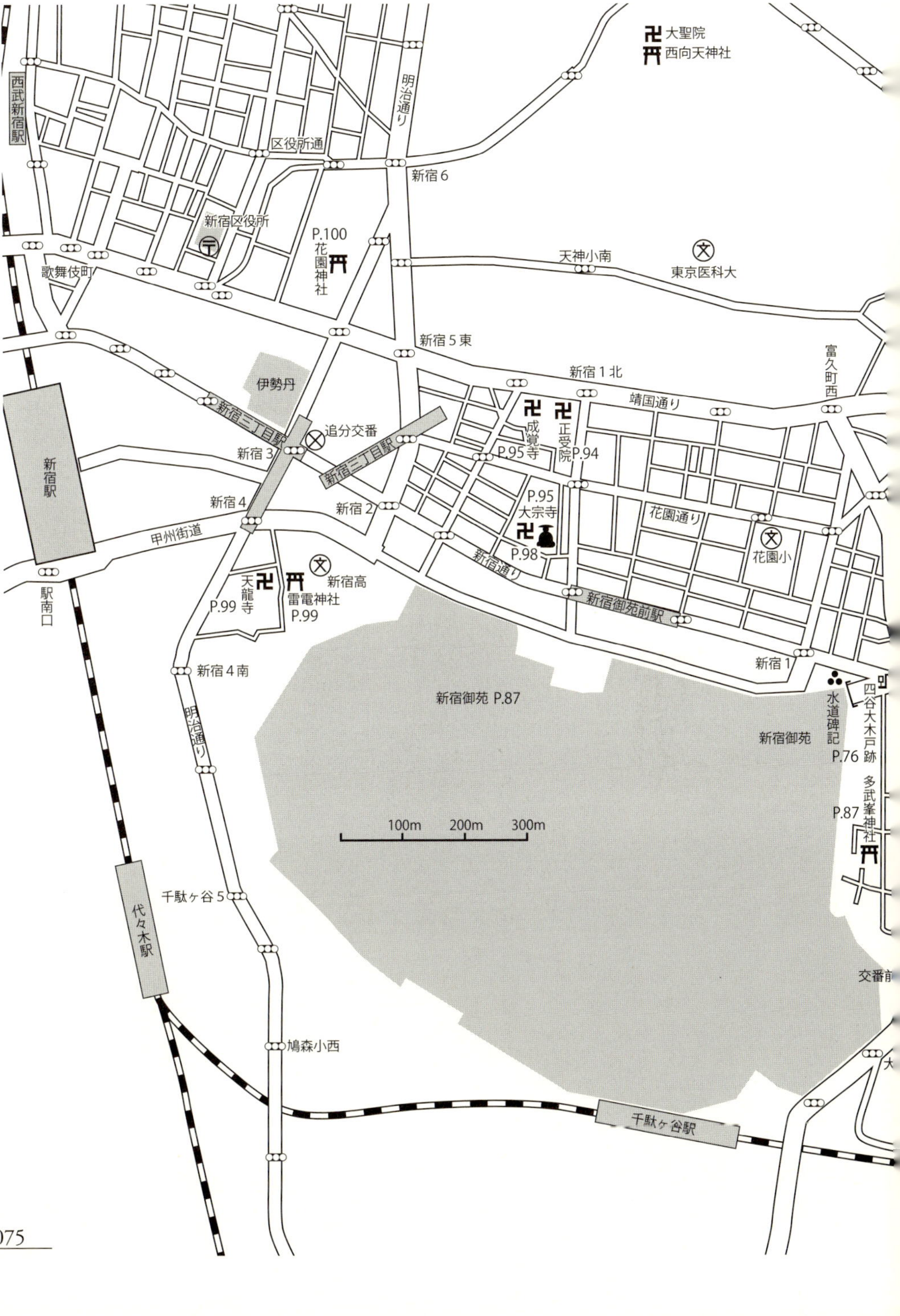
大聖院
西向天神社
西武新宿駅
明治通り
区役所通
新宿6
新宿区役所
P.100
花園神社
歌舞伎町
天神小南
東京医科大
新宿5東
富久町西
伊勢丹
新宿1北
靖国通り
新宿三丁目駅
追分交番
成覚寺
P.95
正受院
P.94
新宿3
新宿駅
新宿三丁目駅
P.95
大宗寺
新宿4
新宿2
花園通り
P.98
花園小
甲州街道
新宿通り
駅南口
天龍寺
P.99
雷電神社
P.99
新宿高
新宿御苑前駅
新宿1
新宿4南
水道碑記
四谷大木戸跡
P.76
新宿御苑 P.87
新宿御苑
明治通り
多武峯神社
P.87
100m
200m
300m
千駄ヶ谷5
代々木駅
交番前
鳩森小西
千駄ヶ谷駅

桜田門、半蔵門から四谷大木戸へ

四谷名物「馬の糞」

地図 P.74

甲州街道はどこから始まるかと訊ねたら「新宿駅南口から」と答える人が多いかもしれない。実際には四谷四丁目交差点以西（新宿御苑トンネル）を甲州街道という。しかし四谷、半蔵門へと続く新宿通りに設置された四谷見附や四谷大木戸門は甲州街道の重要なチェックポイントだったから新宿通りもれっきとした甲州街道だった。

また、五街道は日本橋が起点だとすると甲州街道は銀座または大手町↓日比谷↓桜田門↓半蔵門と、江戸城の南半分をぐるっと回るルートを取っていたことになる。もちろん北半分を回って日本橋↓大手町↓九段坂↓千鳥ヶ淵↓半蔵門のルートをとっても距離的に大差ない。半蔵門を使うようになるまではもっと大回りをしていたらしいが詳しいことはわからない。ともあれ、桜田門から始まる現在の国道20号線（内堀通りと新宿通りを加えたルート）が甲州街道と考えればよい。

東海道は五十三次だが甲州街道は四十五次である。信濃諏訪宿で中山道と合流するまでの距離だから、この道を参勤交代に使った大名は諏訪高島藩、伊那高遠藩、飯田藩の三家だけ。あとは甲州勤番の旗本たちが利用した程度で武家の利用度は五街道中一番少ない。それでも東海道の高輪、中山道の板橋宿と同様に大木戸がつくられた。これは元和《げんな》二（一六一六）年頃に現在の四谷四丁目交差点の場所につくられ、後に門の北側に馬改番屋《うまあらためばんや》が設置された。番屋では午前六時から午後六時まで江戸府内から出る馬の荷を検査して送り状や荷主問屋の手形を厳しくチェックした。甲州街道は八王子から先は山岳地帯に入るから水路が使えず、荷の運搬は馬に頼らざるを得なかったことが大きな理由と思われる。

四谷名物に、とんび凧、馬の糞、玉川上水、鮎（多摩川産）、八房《やつぶさ》（唐辛子）、四谷丸太（青梅や秩父産の木材）とあるくらいだから他の街道に比べ、よほど馬の通行がおおかったのだろう。榎町には籠を背負い、肥料として売るための馬糞《まぐそ》拾いをする馬糞仙人とよばれる男が住んでいたという。

その後、寛政四（一七九二）年に木戸は撤去され石垣のみ残されたが『江戸名所図会・巻之三・四谷大木戸』の

↑半蔵門を背にして、ここから新宿通りとなる

↑国道 20 号線の起点、国会前。奥が桜田門

↑四谷大木戸のあった四谷４丁目交差点。正面は新宿御苑トンネルの出入口

↑四谷駅北側に残る四谷見附跡の石塁

↑『江戸名所図会・巻之三・四谷大木戸』石垣の手前に高札が立つ

絵を見ると高札場などは残っているし「ここの番屋は町の持ち（管理）なれども、突棒《つくぼう》・指股《さすまた》・錑《もじり》（いずれも罪人を捕らえるのに用いた道具）等を飾り置けり。これ往古関のありしときの遺風ならん」とあるから、ある程度の監視下には置かれていたようだ。

新宿御苑に大木戸門という出入り口がある。場所は多少ずれているが四谷大木戸に因んだものである。

また承応二（一六五三）年には、名物の三番目にあるように羽村から流れてきた玉川上水が、ここから石樋や木樋を通して地下を流れ、江戸市中へ配水されるようになったため、水番所が設けられた。構内には魚捕り、ゴミ捨て、洗濯、水浴び下草刈りなどを禁じる高札が立っていた。ここを桜の名所にしようと企んだ者がいたが、結局失敗に終わっている。

しかし現在残っているものは昭和三十六（一九六一）年に地下鉄丸ノ内線の工事で出土した玉川上水の石樋を利用して造った「四谷大木戸跡」の碑と、明治に建てられた高さ四メートル六十センチの巨大な水道碑記のみである。ともに四谷四丁目交差点から西へ五十メートルほど移動した新宿区役所四谷地域センター敷地内にある。

ところで、この四谷という地名の由来にはいくつかの説がある。『江戸名所図会・巻之三・四谷』には「この地の四方に谷あり。ゆゑに四谷と号《なづ》くる」「土民の家四家ありしゆゑ」などとある。梅屋、木屋、茶屋、布屋の四軒という具体的な説は新宿歴史博物館のガイドブックにある。いずれにせよ『江戸砂子』には「此の地古え北に渓谷あり、南に森林あり、道路其の中を通じ」とか「げにも此の地の南北、地低く谷

→四谷大木戸跡碑

←玉川上水をイメージした新宿御苑脇の流れ

←←水番所跡に立つ水道碑記。文字がびっしり彫ってあり、下から見上げるほどの大きさで、とても解読できない。玉川兄弟の功績をたたえているらしい

なりし事顕然たり」などと書かれ、内藤新宿が作られるまでは、かなり寂しい場所だったようだ。

四谷の聖と性

地図P.74

四谷大木戸より数百メートルほど四谷駅方面に戻ることになるが津之守坂入口交差点から南側の円通寺坂に入ると半円を描いたような谷になっている。西は須賀町、東は若葉一〜三丁目だ。

わずか数百メートル先の高台は学習院初等科、迎賓館・赤坂御用地で、谷町と御用地の間は、かつては鮫ケ橋（鮫が村）とよばれ、本所吉田町と並ぶ屈指の貧民窟だった。夜鷹（辻遊女）の名所であった。一帯は鮫が上がってきたというほどで汐入りの入江になっていたということだが、近世まで細い流れがあり、ここに堰があったことから、それが転じて咳の神が祀られるようになった。まさに庶民によって祀られ始めた神である現在はみなみもと町公園となっているが、今でもその一角に咳の神は残されている。

一方、谷町一帯は寺町でもある。拙書『東京「消えた山」発掘散歩』でも須賀神社や隣町・左門町の於岩稲荷などを紹介したが、この地域の奥深さは、とても書ききれなかった。本書で再び取り上げることをお許しいただきたい。

話が多少逸れるが夜鷹について宮本由紀子氏の「遊女と悪所（『落語に見る江戸の「悪」文化』河出書房新社より）」から図と文の一部を引用すると

「夜鷹の小屋は昼は取り除くことのできる、夜のみ用いる小屋を組立て、敷戸を開き、戸ごとに筵《むしろ》を垂らし、敷物も筵であった。戸口に立ち、客を呼ぶ……夜鷹の年齢は十五、六から四十歳以上まで様々であった。服装は綿服・

↑地元の方によって保存されている「せきとめ神」

↑若葉２〜３丁目の半円を描く道路

↑安永年間（1772〜81）頃の夜鷹。鮫ケ橋のスタイルとは違うようだ

→祥山寺の忍者地蔵
↑祥山寺の猫塚
←法蔵寺の親子地蔵。しっかりと手を合わせている子尊の迫力に気圧される
←←東福院の豆腐地蔵
左ページ右から、藍染院の塙保己一の墓の案内碑、一猿庚申等、三猿庚申等

綿帯に顔のみに白粉をつけ、首には白粉をつけないきまりで、一目でそれとわかる……鮫ケ橋のは手巾をかむらず、筵を抱えた。」とあり、ぎうとよばれる男がいて、ヒモのような役をしていたらしい。天保年間（一八三〇～四四）の相場で約五百円程度だったという。夜鷹情報誌『夜鷹細見』が出されたほどの大評判だったという。繁盛しすぎて取り潰される例もあったようだが、取締は形骸化されていたようだ。

四谷の石仏巡り

地図 P.74

須賀町、若葉周辺の寺を丹念に回ると興味深い石仏などに巡り会える。

●忍者地蔵と猫塚（祥山寺）：円通寺坂に入るとすぐ左にある臨済宗の寺。寺の裏は四谷二丁目になり、かつてこの一角は伊賀町とよばれていた。伊賀者が住んでいたわけで、祥山寺自体、伊賀寺とよばれていたらしい。

忍者地蔵は何の変哲もない石地蔵だが、彼らの供養のために建立されたと思えば、忍者ファンならずとも手を合わせたくなる。

しかし対応に出られた若いお寺の方は「さあ全くわかりません」と、忍者地蔵の由来を全く教えてくださらなかった。興味半分の散策客にうんざりしているのだろうか。

両脇には一回り小さな水子地蔵が立つが、興味深いのは右端のひょうきんな猫碑（猫塚）。なかなか個性的だ。

●親子地蔵（法蔵寺）：浄土宗の寺院。寛文四（一六六四）年と宝暦五（一七五五）年に建立された二基の六字名号供養塔（南無阿弥陀仏の六字を刻んだ石塔）が新宿区の文化財となっている。筆者が惹かれたのは山門左脇に立つ二体の地蔵尊のひとつ、親子地

蔵だ。親尊のほうはほのぼのしい表情だが、ひっしと手を合わせる幼尊の姿は尋常を逸しているように見え、なぜか子連れ狼の大五郎を思い出した。

●豆腐地蔵（東福院）：東福院坂（天王坂）を上って左の山門に入るとすぐ三体の地蔵尊が並んでいる。中心の一番大きな石像が豆腐地蔵だ。戦災で所々欠けているが一番目立つのは左手の欠損。それもそのはずで、この手は、欲深く金貸しを副業とする豆腐屋の主人に切り落とされたのである。

　毎晩豆腐を買いにくる坊さまがいて次の日の朝には必ず売上金の中に樒《しきみ》の葉が混じっている。犯人は狐か狸に違いないと思った主人は、いつものように豆腐を買いにきた坊さんが、小窓から代金を払う時を見計らって包丁で腕に切りつけた。坊さまはこつ然と姿を消したが血の跡をたどると東福院の地蔵堂の前に出た。中を覗くと微笑みをたたえた地蔵尊が立っていた。驚いた主人はこれまでの行状を悔い改めると店は繁盛したのでお礼に立派な地蔵堂を建てたということだが、筆者が訪れた時には地蔵堂はなかった。

●庚申塔（愛染院）：東福院の向かいに立つ同じ真言宗の寺院。総検校・塙《はなわ》保己一《ほきいち》と内藤新宿を開設した高松喜六の墓がある。墓地入口に「此の院内に塙保己一先生の墓あり」と彫られた石碑が建つが、これは前立《まえだ》ち風の疑墓石で散策客向けの看板のようなものと思えばよい。墓地内のオリジナル墓石は比較的平凡なものだ。

　しかし境内に立つ二基の庚申塔はぜひ見ていただきたい。共に舟形で、向かって左のものは延宝八（一六八〇）年のもので上部に太陽と月、中央にキリリとした表情の青面金剛《しょうめん（せいめん）》、六臂《ろっぴ》（六

↑魚籠を持つ蓮乗院の魚籃観音

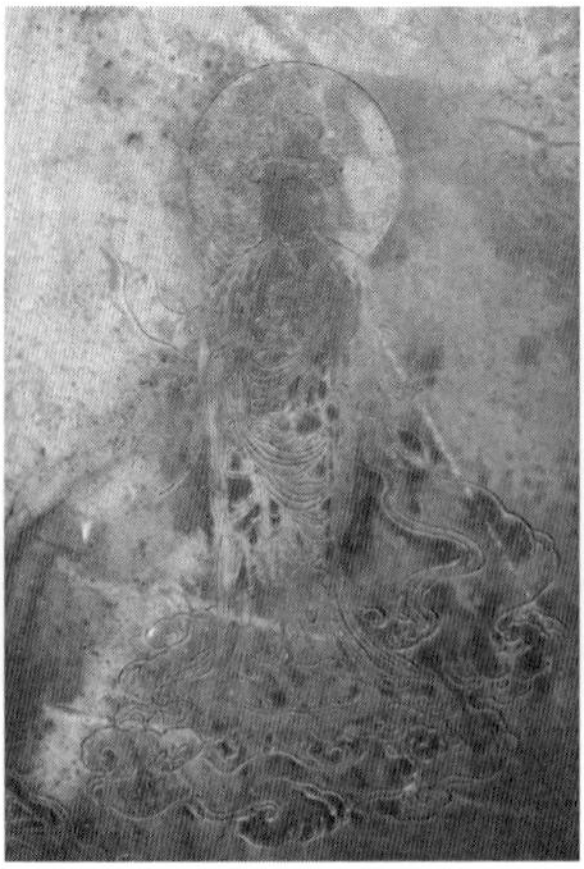

↑白いマンション風の建物が真成院
←真成院境内の観音菩薩の線刻

本の手）に弓、箭《せん》（矢）、輪宝を持つ。あと一つは一般的な三股叉《さんこさ》ではなく、旗を飾り付けた鉾《ほこ》のような武器を持つ。その先は鎌のようだが鋭角に曲がっており不思議な形状である。

　さらに、その下に御幣を持つ一頭の猿がしゃがみ、頭上に青面金剛の立つ磐座《いわくら》を乗せている。これも珍しい。

　もう一基は元禄二（一六八九）年のもの。こちらは一般的な三猿になっている。ただ、鎌状の武器はますます強調されている。

●汐干《しおひ》（塩踏）観音（真成院）：観音坂の上り口にあるビルの上階に奉納幟《のぼり》旗が多数立ち並んでいるので新興宗教の教会のようだが、れっきとした真言宗の寺院。本尊の汐干観世音（聖観音）は寺務所に声をかければいつでも拝観できる。ただし祭壇までは距離があるのでお姿をはっきり拝むことはできない。言い伝えによると本尊は一尺ばかりの石の上に立っており、この台石は潮が満ちると濡れ、潮が引くと乾くというが、もちろん台石は見えない。ちなみに階段入口の狛犬は天保八（一八三七）年のもの。

　一帯の谷町が古くは汐入りの入江になっていたことを伝える話だ。

　境内には雨宝稲荷や延命地蔵像が祀《まつ》られているが高さ百五十センチの供養塔には見事な観音菩薩、地蔵菩薩、弘法大師が線刻されている。

●魚籃《ぎょらん》観音（蓮乗院）：真言宗の寺院。魚籃観音については『東海道「月の岬」の寺町』でも少々述べた。その観音像が当寺の境内にも立つ。魚の入った籠を下げる小さな立像である。愛らしく品の良いお顔だ。胴部はコンクリートで補修されているが魚籠《びく》と魚はしっかり残っているのがありがたい。

↑長谷川平蔵の碑　→千手観音

↑服部半蔵の墓。種字は阿弥陀如来を表わす「キリク」

もともと観音菩薩は三十三身といって種々の変化身を示すが、それはあらゆる世界での衆生を救うためだとされる。しかし魚籃観音に関しては一世前の前身が魚商の美人妻とはっきりしている上、さらに魚を持って示現する状況はかなり生々しくユニークである。漁労者を守護する神仏であるから、これも汐干観音同様、入江に建つ寺院にふさわしい女神である。

●千手《せんじゅ》観音（西念寺）：服部半蔵が創建した浄土宗の寺で、彼の墓（新宿区指定史跡）と槍（新宿区登録文化財）が残る。前述、祥山寺の忍者地蔵で述べた伊賀者の頭として名高いだけでなく、半蔵門の所以《ゆえん》となった人物であり、家康十六将の一人である。宝篋印塔《ほうきょういんとう》型の墓は本堂の右並びにある。

半蔵の墓の他にも筆者の目的はある。じつは彼の墓に向かい合って並ぶ無縁塔などの石仏群である。文化六（一八〇九）年の地蔵菩薩半跏《はんか》像（片足を一方の足に乗せて座っている姿）が最も古いようだが、繊細な彫りが見事なのは天保四（一八三三）年建立の千手観音像である。表情も穏やかだ。台座横に女性の戒名らしき文字があるので墓塔かもしれない。

●長谷川平蔵の碑（戒行寺）：平成六（一九九四）年夏に建立された新しい碑である。火付《ひつけ》盗賊改方《あらためがた》・長谷川平蔵こと鬼平は池波正太郎の小説『鬼平《おにへい》犯科帳』で有名だが実在の人物で寛政七（一七九五）年、五十歳で没している。日蓮宗戒行寺は長谷川家の菩提寺で、かつては平蔵の墓もあったが、現在は杉並区堀の内の当寺無縁墓地に改葬されたという。しかし明治時代にまた戻されたようであり、遺骨の行方はどうにもはっきりしていないようだ。

●首斬り浅右衛門（勝興寺）：勝興寺は曹洞宗の寺院だ。境内に奪衣婆の石像があり、墓地の入口に閻魔像もあるが、この二尊に関しては後述する。

　細長い山門から覗くと奥に二メートルは優にある地蔵菩薩像がこちらを向いて南向きに立っている。その背後に奪衣婆の堂が西向きにある。堂の隣には二メートルほどの聖観音菩薩像が蓮華を持って立っている。

　閻魔像は本堂に向かって左手の墓地の入口を見張るように鎮座している。奪衣婆に比べて地味な閻魔像は探しにくい。その隣には珍しい六臂の如意輪観音像がある。寛文七（一六六七）年の墓塔で欠損もなく美しい。そのほか台座に萬霊等と彫られた二メートルほどの地蔵菩薩、宝篋印塔の近くには、やはり欠損のない三面八臂の馬頭観音がある。

　また、当寺の墓地には死刑執行（斬首）役人として名高い山田浅右衛門吉《あさえもんよし》利《とし》（七代目）の墓と六代目浅右衛門吉《よし》昌《まさ》が寄進した天水桶がある。

　試刀術の名手だった浅右衛門とは「おためし御用（刀剣の試し斬り）」を務めた山田家代々の当主の名で、朝右衛門を名乗った人物もいた。死体を扱うという穢れを伴う役職だったからか、身分は浪人扱いだが多くの弟子を抱え、収入は小大名並みだったという。屋敷は平河町一丁目にあった。

　浅右衛門は九代まで続いたが、腕前や度量が問われる役なので実子相続はまれだった。刀剣は人を殺傷するのが目的だから試し斬りは動物では信用されず罪人の死体を使う。自ら試したいという大名などには死体も売る。

　また、罪人の内蔵を原料とした労咳（肺結核）の秘薬を製造していたことでも知られる。ある日罪を犯したという男が訪れてきて金を貸せという。断ると「それでは、いずれお前さんの腕にかかって首を斬られるのだから、俺のキモ代の前金をくれ」といったという話が伝えられている。

　しかし自分が手にかけた死者の供養には金品を惜しまなかったというから、中世以前の人々の死や死体に関する感覚は現代人とだいぶ異なるようだ。

●笹寺の蝦蟇《がま》塚（長善寺）：鷹狩りの途中休息した将軍秀忠が、熊笹が茂る様子を見て笹寺と名付けたといわれる。その夫人・崇源院または秀忠本人の念持仏といわれる僅か五センチ足らずのめのう観音像が有名だが、それはいつでも拝観できるわけではない。

　筆者がご紹介するのは蝦蟇塚だ。昭和十二（一九三七）年、慶応義塾大学医学部生理学教室で実験に使われた諸

↑勝興寺の閻魔王はどちらかというとかわいらしい
→奪衣婆尊も恐ろしいというより困った顔をしたお婆
←如意輪観音　↘馬頭観音

↑笹寺の蝦蟇塚。左の蝦蟇がいなければ普通の五輪塔に見える

動物のための供養塔である。知らなければ蝦蟇のためとは思えぬほど立派な五輪塔だ。医学博士・加藤元一と門人一同の奉納とある。

四谷怪談の怪

地図P.74

四谷三丁目周辺はお岩さんの本場で彼女を祀っている場所が三カ所ある。

ところで筆者はお岩さんに関して以下のことを常々疑問に感じていた。

お岩さんは田宮家の奥方として実在した人物であり、良妻賢母で幸せな一生を送ったことは比較的広く知られている。江戸庶民からは貞女の鑑《かがみ》と崇《あが》められていたほどだ。にもかかわらず、お岩さんは怪談に登場する陰湿な幽霊に、それこそ化けてしまい、芝居や映画の関係者が『東海道四谷怪談』を公演または撮影する前に「まず、お岩さんにお参りしなければ必ず事故が起きたり病人・怪我人が続出する」といわれるようになったのはなぜか。なぜ理想の妻だったといわれるほどの女性が祟るのか、ということである。

　四谷怪談は四代目鶴屋南北が実在した人気人物の名前だけを借用して書いた全くの創作戯曲である。もし読者がお岩さんだとして、どこかの誰かが勝手に、まるで自分とは似ても似つかぬ自分を演じて人々を怖がらせ（喜ばせ）ているとしたら、これほどの屈辱はない。「私はそんなに醜くて執念深い女ではありません。嘘の私を演じるのはやめて！」と叫びたくなるはずだ。しかも於岩稲荷には縁切りのご利益があるとまで信じられているのだ。

　筆者はこの屈辱感こそがお岩さんの祟りだと考える。それでも優しい彼女は、お参りにきた人にまでは祟れないのである。それゆえ筆者は彼女への誤解を解きつつお岩さんの祟りを鎮めたいと願うのである。

●お岩水かけ観音（四谷三丁目「丸正」入口横）：献花が途切れたことがない。今でもお岩さんが地元の人々に愛されていることがよくわかる。姿は観音菩薩だが顔は田宮神社のお札《ふだ》に似ている。

●於岩稲荷田宮神社（四谷左門町）：劇中の民谷《たみや》伊右衛門家は断絶したが、実際の田宮家十一代目が宮司を務める。はじめは田宮家の屋敷神の稲荷神社だった。田宮岩が熱心に信仰していたことから庶民の人気を集め、田宮岩を主祭神にして於岩稲荷となった。

●陽雲寺於岩稲荷（四谷左門町）：田宮神社のほぼ向かいにある。田宮神社

お岩水かけ観音（四谷３丁目）

於岩稲荷田宮神社（四谷左門町）

陽雲寺於岩稲荷（四谷左門町）

於岩稲荷田宮神社（中央区新川）

お岩さんの墓（豊島区西駒込）

が一時、中央区新町に移転した時に於岩稲荷を引き継いだ。こちらにはお岩さんゆかりの井戸がある。

●**於岩稲荷田宮神社**（中央区新川）：初代市川左団次の所有地に移転され、花屋柳界や歌舞伎関係から信仰された。田宮神社が左門町に戻った後も存続。

●**お岩さんの墓**（豊島区西巣鴨・妙行寺）：かつては四谷にあった田宮家の菩提寺。お岩さんの法要が行なわれる。

内藤氏の庭園と屋敷

地図P.75

●**身分不相応な敷地の謎**：現在の新宿御苑は山間（長野県伊那市）の小藩・信州高遠藩の譜代大名・内藤大和守の下屋敷だった。二代当主の清成が家康の江戸入りの先乗りを務め、その功績を認められ「お前が馬で一息にまわれるだけの土地を与える」といわれた。話がそれるが、このとき家康が清成に言葉をかけた場所には一本の松の木があり、人々はこれを「お言葉の松」とよんでいたそうだが今はない。

さて、清成は家康の言葉に感激して愛馬（白い駿馬）にまたがり、森と原野ばかりだった一帯…南は千駄ヶ谷、北は大久保、西は代々木、東は四谷…を息も継がずに一周した。しかし馬は滝のような汗を流して倒れ、そのまま死んだので大樫の下に埋められた。

愛馬の死と引き換えに清成は広大な土地（約七万坪）を褒美として手に入れたという話が美談として残る。しかしこれは純真な瞳を通して見れば慾深き殿様の動物虐待だ。「お馬さんがかわいそう」ということになる。美談どころか教育に悪い。

とはいえ、じつはこれは青山の殿様の話と同じなのである。つまり分不相応な敷地への疑問に答えるために庶民

↑多武峯神社は新宿とは思えないほど静寂な住宅街の中、緑に囲まれた敷地内にある。決して広くはないがとても落ち着く

→駿馬塚の碑。内藤家の家臣２人が伝説から225年後に建立。これにより駿馬の話は真実に？

が噂した伝説であって、おそらく史実ではないだろう。

家康は江戸城西方の防御を内藤家に任せたというところが現実だろう。高遠藩は分不相応な土地の維持管理に苦労し、農民は年貢に苦しんだ。

塩見鮮一郎氏の『江戸東京を歩く宿場』（三一書房）によれば、江戸が危機存亡に陥った時、徳川一族が幕府直轄地の甲府に逃げるための逃げ道確保だったのではないかという。その時には退路に内藤家が踏み止まり獅子奮迅の働きをすることになる。そもそも内藤家は平将門を討った伝説の豪傑・藤原秀郷《ひでさと》（俵藤太《たわらのとうた》）の末流である。家康も頼りにしていたのかもしれない。

●内藤家の氏神：新宿御苑の東隣に鎮座する内藤家の氏神・多武峯《とおのみね》内藤神社の祭神は藤原家の祖・藤原鎌足である。奈良県桜井市にある藤原氏の氏神を勧請したものだ。ここの境内には、駿馬の話から二百年以上後の文化十三（一八一六）年に内藤家の二人の家臣が屋敷地拝領の伝承にもとづいて建立したという駿馬塚の碑と白馬堂がある。

ここだけの話ではないが、このような碑が建てられることにより、伝承と史実の境界線は時代とともに曖昧になっていくのである。

●内藤家の金屏風：内藤家の屋敷には立派だが無地の金屏風があった。そこで殿様（何代目の当主かは不明）は出入りの絵師に「何なりと得意とする絵を描くように」と命じた。

絵師は薄《すすき》が生い茂る武蔵野の原野と澄み切った秋空の月、そこに一羽の雁《かり》が飛んでいる壮麗な絵を描き上げた。それを見ていた殿様は「雁は一羽だけで飛ぶものではない。いい加減な絵を描くとは不届きな奴だ」と激怒したので絵師はただただ平伏して怯えていた。このただならぬ事態を見てとった家老が静かに進み出て「お怒りはごもっともですが私に一筆お許しください」と絵の脇に一筆したためた。それは

初雁や　また後《あと》からも　後からも

という即興の一句であった。さすがの殿様の怒りも家老の頓知で和らいだということだ。

この駿馬と屏風の二つの話から、たとえそれが伝承だとしても内藤家当主は比較的直情型のいかにも武士らしい性格だったということが伺える。反面、家臣たちからは慕われており、また彼らは当主を上手くフォローしていたという藩内事情が見えてくる。藩内の総力を挙げて生産性のない広大な土地の管理に腐心したと思われる。甲州街道に内藤新宿が造られる時には喜んで敷地の一部を返還したのだろう。

舟町《ふなまち》・愛住町《あいずみちょう》周辺の変り神仏

地図P.74

江戸時代この一帯は武家地と寺地だった。舟町は舟板横町とよばれ、舟板にも利用された四谷丸太を扱っていたことにちなんだ町名である。

●西迎寺の阿弥陀如来銅像（舟町十三）：旗本・伏見勘七郎為智が元禄七（一六九四）年に寄進した。鋳物師は椎名伊代と兵庫重長。このように造立者、制作者ともに判明していることは史料的な価値が高いらしい。

そもそも父の供養のために造ったというから、元禄時代の旗本は裕福だったのだ。多少の傷みはあるが高さ四メートル程の堂々たる露座像である。

西迎寺の墓地は道路を隔てた敷地にあるが、ここには二メートル超の地蔵尊（かなりイケメン）の石像や立派な六字名号供養塔が無造作に立っている。

●養国寺のまだら観音（愛住町二十一）：享保・天保年間に造られた立像や座像の地蔵尊があるが、何といっても目を惹くのは、全身に泥水の跳ねを浴びたような模様の石で彫られた聖観音の立像である。よくよく拝見していると「私、きれい～？」と笑いかけてくるような気がしてきて、大変失礼ながら、かなり不気味である。時代的には新しいものと思われるが、わざわざこの石材を使って造立された方の意図を知りたくなる観音様である。

また、この像の近くには反古《ほご》塚がある。筆塚はよく見かけるが紙の供養碑は珍しい。筆者も紙を使う仕事をしているので日頃の無駄を反省した。

●釣り文化資料館の釣り地蔵（愛住町十八）：愛嬌でご紹介する。本来は釣竿を持っているのだろうが小枝を持っていた。箒を持たせるとお掃除小僧だ

↑養国寺のまだら観音

↑イケメン地蔵　↓釣り地蔵

↑西迎寺の阿弥陀如来

が、背後の大きな魚籠に説得力がある。

●安禅寺のたんきり地蔵（愛住町九）：当寺が和田倉門付近にあった慶長十三（一六〇八）年からあったというが震災や戦災で壊され、現在の像は昭和三十一（一九五六）年に再興されたものだ。手書きの解説板には「石の御佛体は亡びたが形なき者即ちお地蔵様の大慈大悲の御精神は亡びなかった」とあり、子供の咳、老人の喘息、痰切りなどにご利益があるということだ。医学が発達した現代では、この地蔵尊はあまり顧みられなくなってしまったのだろうか。堂宇も見当たらず地蔵堂も手作りだが、鮫ケ橋の咳とめ神同様、このような素朴な民間信仰はいつまでも残って欲しいものだ。

●自證院の仏足石（富久町四）：靖国通を渡るので甲州街道からは五百メートルほど北上する。山門を入ってすぐ左に三基の庚申塔が並んでいるが卒塔婆が立てかけてあり、それを移動して確認。それぞれ小振りだが味わい深い。左のものはかわいらしい三猿とウーンの種字（ここでは青面《せいめん》金剛を現わす）。中央のものは八臂の青面金剛で稚拙な造りだが、しっかり両足で邪鬼を押さえつけ、ショケラ（髪を掴まれた女性）なども彫り込まれている。右のものは三猿と青面金剛で日輪月輪もはっきりしており貞享二（一六八六）年の文字がある。

　この並びに仏足石がある。あまり手入れされていないわりに模様はしっかりしているから比較的新しいものだろう。バクの種字は釈迦如来を現わす。二体の地蔵座像の先に聖観音像が立っている（というより中腰に近い姿勢）。一般に見られる聖観音独特の派手さがなく、素朴な表情で筆者の好みだ。

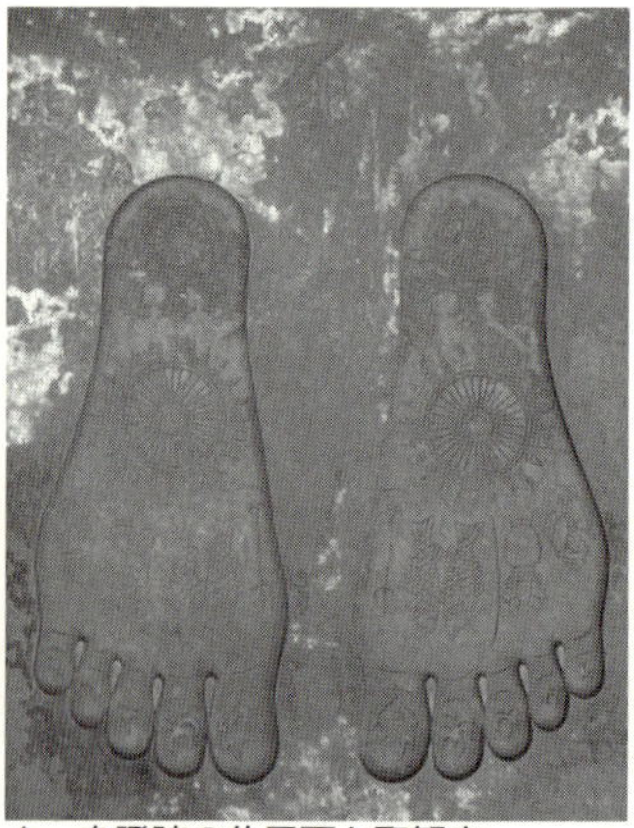

↑←自證院の仏足石と聖観音

↑安禅寺のたんきり地蔵堂

内藤新宿・飯盛女・追分

江戸時代は飯盛女、現代は風俗嬢

地図 P.75

内藤新宿が甲州街道の第一宿となって開設されたのは元禄十二（一六九九）年春、それまでの第一宿は高井戸宿だったが、日本橋から四里八丁（十六・六キロ）もあり、他の三宿に比べて遠い（品川、板橋、千住は約二里）というのが第一の理由だった。宿場には近郷農民が人馬を提供しなければならないから下・上高井戸村の農民は負担が減って助かったかもしれない。

しかし内藤新宿近郊には内藤家の広大な土地はあっても、宿場を維持するだけの力を蓄えた村はない。あるのは独身の下級武士や単身赴任の武家屋敷ばかり。ただでさえ女性の少ない江戸において四谷は若い男しかいない地域だった。これは立派な第二の理由となる。彼らは遥かな道のりをテクテクと新吉原や高井戸宿に通っていたのだ。

元禄十年に新宿開設を願い出たのは新吉原の近く、浅草安倍川町（浅草四丁目）の名主・喜兵衛（後の高松喜六）ほか四人で、納めた運上金は五千六百両。柳沢吉保《よしやす》が実権を握っていた時代だ。翌年、開設の許可が下り内藤家と朝倉家が屋敷地の一部を返上、元禄十二年の春に業務が開始された。

しかし大名行列は三家しか通らない。甲府勤番の武士や、にわかに厄除けに霊験ありと人気の出てきた堀之内・妙法寺の参拝客が足を休めたとしても、それだけで経済的に成り立つものではない。そこで幕府は五十軒の旅籠に百五十人の飯盛女を置くことを黙認する。内藤新宿に移り住んで名主となった喜兵衛らの狙いは大当たりで、開設からわずか三年後の元禄十五（一七〇二）年には客を取られた新吉原から、非公認の遊郭に対して訴訟が出されるほど繁盛し、「四谷新宿馬糞《まぐそ》の中で　あやめ（遊女）咲くとはしおらしい」と唄われるほどになる。

ところがそれからわずか十九年後の享保三（一七一八）年に新宿は廃止される。全国の宿場における飯盛女が幕府から黙認されたばかりだから皮肉なものである。

ものの本には「利用客が少なく費用倒れとなった」「開設直後から二度にわたって火災に見舞われ困窮した」「宿場としての必要性がない」「八代将軍吉宗による享保の改革の影響（質素倹

↑内藤新宿上町のはずれは甲州街道と青梅街道の分岐点となる追分だ。現在の新宿３丁目交差点で四谷警察署追分交番がある
←『江戸名所図会・巻之三・四谷内藤新宿』

約・風俗統制・人身売買の禁止）」などとある。飯盛女がみだりに客を引き入れたことが原因のひとつともいうが、それはどこの宿場にもあることで廃止する理由としては弱い。

今井金吾氏『詳説江戸名所記』（社会思想社）には、廃止のいきさつを、ひとつの事件によると断定している。その内容は「四谷大番町の旗本内藤新五右衛門の弟大八が、新宿の遊女屋で遊び、女郎とのゴタゴタから遊女屋の下男になぐられた。これを知った兄の新五右衛門は武士の名折れと弟大八を切腹させ、その首を大目付に持参、こうこうで弟を成敗したが、わが家の知行はお上へ戻す。その代わり新宿の遊女屋は取りつぶすようと厳談、遂に新宿を廃駅させた」とある。享保という時代背景も加味するとありえない話ではない。いかにも吉宗が喜びそうな硬派談である。

理由はどうあれ、ひとつの宿場がこうあっさりと廃止されたということは、開設当初の目的を明白にしている。新宿はもともと歓楽街として開かれた街だったのだ。新宿二丁目の赤線地帯は昭和三十年代まで残っていたし、現在でも区役所通や歌舞伎町には風俗嬢と名を変えた飯盛女（男娼も含む）が生き残っているような気がする。

ともあれ田沼意次が老中になると、年間百五十五両を上納する条件で五代目高松喜六が内藤新宿再興を果たす。五十四年後の安永元（一七七二）年のことである。

内藤新宿は地獄の一丁目？

地図 P.75

内藤新宿には有名な奪衣婆《だつえばあ》（葬頭河《そうずか》婆《ばあ》、脱衣鬼）の像が二体ある。前述した須賀町の勝興寺にも石像が一体あっ

↑新宿駅南口の歩道橋から見た甲州街道
←正受院の綿のおばば。頭から綿を被っている

た。もちろん閻魔大王もいれば地蔵尊も勢揃いだ。みな地獄の主役である。

　地獄の入口で亡者は、渡り賃六文也を払って三途の川を渡る。浅い場所を渡れる善人もいる一方、罪人は罪の深さに応じて深い場所を渡る。何のための渡り賃かわからないが、とにかくやっとの思いで河を渡りきると、そこに奪衣婆が待ち構えており、有無をいわさず亡者の衣服を全て剥ぎ取る。

　本来はその傍らに衣領樹《えりょうじゅ》という木があり、そこに懸衣翁《けんえおう》が剥いだ衣を架ける。罪の重さによって架ける枝が異なるというから亡者は気が気でない。

　このように本来、奪衣婆のパートナーは鬼一族同士の懸衣翁のはずなのだが、閻魔大王と共に祀られていることが多く、この二尊が地獄のイメージキャラクターとなっている。

　日本の庶民は怨霊や疫神と同じように、この恐ろしい鬼女である奪衣婆を祀ってきた。閻魔王に仕えている立場とはいえその意地の悪い表情には悪意や怨念が満ちている。しかし庶民は醜く恐ろしい鬼神のパワーに畏れを抱くどころか、むしろ親近感を覚えて信仰してきた。

　筆者もこの片膝を立て、肋《あばら》の浮いた萎びた胸をさらけた醜悪な鬼女に魅力を感じてきた。

　閻魔王はもともと冥界で人を裁く十王の中の一尊だったが、地獄絵などを通じてすっかり地獄の大王になってしまった。このような日本人の地獄観は中国で作られた偽経《ぎきょう》（インドで書かれた本来の教典ではない）『十王経』に由来している。また、閻魔王は地蔵菩薩と同根の神仏という見方もされており、そうなると罰する側と救済する側の両面を併せ持っていることになる。

↑正受院無縁諸精霊塔。無縁塔のほとんどは地蔵菩薩や如意輪観音菩薩、聖観音菩薩などの石像を集めて塔にしたものが多い。正受院のものも同様だが正面下部に千手観音が組み込まれていて珍しい

↑おばばのお札。実物より凄みがある

←歌川国芳画『三途川老婆』大勢の人が願い事をするので、さすがにうんざり顔だ

内藤新宿一帯で奪衣婆人気に火をつけたのは飯盛女たちだろう。客の衣服を剥ぎ取り裸にしてしまうから遊女にとっては商売繁盛の神様なのである。しかも同じ女性。自分たちは苦界に生き、あちら様は地獄に生きる。

●綿のおばば（正受院）：この奪衣婆（高さ八十六センチの木像）は小野篁《たかむら》の作といわれる。篁は平安時代前期の参議だった。また閻魔王の次官として井戸から地獄へ白由に出入りしたという人物だ。しかし残念ながら像の制作年代は作風から江戸時代初期のものらしい。咳止めや子供の虫封じに霊験があるとされた。お礼に綿《わた》を奉納するので綿のおばばの名がある。幕末にはお竹如来や翁稲荷と並ぶ流行神《はやりがみ》として大人気を得た。参拝者が群集して、線香の煙が四谷見附まで漂ったという。

流行のきっかけは弘化四（一八四七）年、正受院に押入った泥棒が奪衣婆の霊力で体がすくんでしまい捕らえられたことに続き、嘉永元（一八四八）年、奉納された綿に灯明の火が燃え移ったが奪衣婆自ら揉み消したという評判が広まってからだ。あまり流行《はや》りすぎたため寺社奉行の取締が行なわれ、年に二度の参拝に制限されてしまった。

ただ、このお婆は子育老婆尊とも呼ばれた。子供に優しい子安信仰のひとつと素直に解釈して構わないが、じつは正受院の隣には、いわゆる投げ込み寺だった成覚寺があり、ここに無縁供養塔の「子供合埋碑」がある。

この場合の子供とは飯盛女のことである。この子供合埋碑の子と子育ての子は決して無関係ではないように思える。しかし現在の正受院の奪衣婆は針供養の主尊として有名である。

ところで墓地でよく見かける無縁塔

のほとんどは地蔵菩薩や如意輪観音の石仏を組んだものが多いが、正受院の無縁諸精霊塔の正面の石仏は千手観音で珍しい。

●飯盛女の投込寺（成覚寺）：子供合埋碑は万延元（一八六〇）年、楼主や口入れ屋たちが心ばかりの罪滅ぼしにと建立したもので、もともとは飯盛女たちの共同墓があったところに建てられていた。彼女たちは年季前に病死すると米俵に包まれて捨てるように埋葬された。もとは境内奥の薄暗い場所にあったという。今でこそ山門近くに移され、新宿区の指定文化財になっているが、現在の新宿の繁栄の陰にはこのような史実があったのである。

　境内には明治まで旭町（新宿四丁目）に立っていた旭地蔵（夜泣き地蔵）が立ち、円筒の台に七組の情死者の名が刻んである。ここに限ったことではないが、女郎と客の心中は珍しいことではない。ただ内藤新宿の場合は江戸庶民が飲料にも使用していた玉川上水に身を投げて情死を遂げたようで、衛生的にも少々迷惑である。

●閻魔堂のつけひも閻魔（大宗寺）：江戸六地蔵（別項）の第二番・甲州街道の地蔵尊が鎮座する浄土宗の寺院で内藤家の墓所がある。

　閻魔像は閻魔堂に鎮座する。文化十一（一八一四）年に安置された「内藤新宿のお閻魔さん」だ。今にも堂を破って立ち上がりそうな大きさだ。立てば一丈六尺（約五メートル）にもなり江戸で最大だ。縁日は薮入り（正月と盆の十六日前後）で、露店が新宿の追分辺りまで並んだという。

　こちらの閻魔さまも泥棒を捕まえたことがあり、そのニュースは瓦版のベストセラーにもなった。幕末の弘化

→成覚院の子供合埋碑は年季途中で病死した多数の飯盛女の慰霊塔である。建立したのは口入れ屋・崇七たちで台座には旅篭（籠）屋中と彫られている。この場合の口入れ屋とは女衒（ぜげん）のようなものだったのだろう

←成覚院の旭地蔵は主に玉川上水で心中した人々（ほとんどが飯盛女と客）の霊を慰めるために建立された

四（一八四七）年、男が像によじ上り、まず閻魔の髭を引き抜き、それを使って直径八寸（二十四センチ）の水晶製といわれる目玉をくり抜いたが、そのとたんに体がすくみ転落、腹を打って気絶してしまった。見張りの仲間が一人いたが、忍び込んでいることも忘れて助けを呼び回った。寺では慌てて早鐘を打ったという。犯人は門前の町民たちに捕らえられた。桶屋二丁目に住む勝五郎という鳶《とび》で泥酔しており、「子供の疱瘡を治してくれと頼んだが何のご利益もなく死んでしまったので、その仕返しだ」と暴れたという。結局、役人には渡さず、親方に引き渡して無罪放免となった。酔いが醒めた勝五郎は「あのとき閻魔の目から凄い閃光が走り、思わず転落した」と怯えるように語ったという。

　また、この像は「つけひも閻魔」ともよばれ、我がままな子や泣き止まない子供を食べてしまうといわれた。時としてその口元から子供の着物のつけ紐が垂れているという。いや、それは奪衣婆のことだ、という話もある。いずれにせよ地元の子供にとって大宗寺の境内は恐ろしい場所だっただろう。

　閻魔堂ではまずこの主人公に目を奪われがちだが、異様な気配にふと視線を横に移すと、こちらにも目と口をカッと開いた奪衣婆が座っており、その迫力にも驚く。奪衣婆の製作は明治三（一八七〇）年で漆喰造り。飯盛女たちに信仰された。

　両像ともに関東大地震で破損し、昭和八（一九三三）年に修理されている。この時、閻魔像の背部はコンクリートと漆喰で堂の壁と一体化された。堂から独立しているのは頭部だけであるから立ち上がる心配はなくなった。

→大宗寺の閻魔王。5mの高さから睨み下ろす
↓閻魔の目抜き事件を報じる瓦版の挿絵
←大宗寺の奪衣婆。閻魔王の半分ほどの大きさだが凄い迫力だ

江戸六地蔵・札所二番「大宗寺」

江戸六地蔵・札所二番「大宗寺」

地図
P.75

大宗寺の境内には上記つけひも閻魔や奪衣婆のほかにも三日月不動尊、塩地蔵、切支丹《きりしたん》灯籠（織部灯籠）などが見られる。

中でも「年輪」という意味で重要なな仏尊が品川に次ぐ札所二番の江戸六地蔵だ。閻魔堂の隣にどっしり控えている。『江戸名所図会・巻之三・霞関山《かかんざん》大宗寺』には「門の内に、沙門正元坊が造立するところの銅像の地蔵尊あり（江戸六地蔵の第二番目なり）」と紹介されている。挿絵はないので当時の境内の様子はわからないが、こちらの像は街道に向かってではなく、街道に平行して追分方向に向いている。製作順は正徳二（一七一二）年で六地蔵中三番目。像の高さは二メートル六十七センチある。

この地に座してから約三百年にわたり我々を見守ってくださっている。当然ながら傷みも激しく、背中を拝見すると、傷がなおさらはっきりと見て取れ痛々しい。

像内には銅造の地蔵六体と寄進者名簿などが納められていたという。

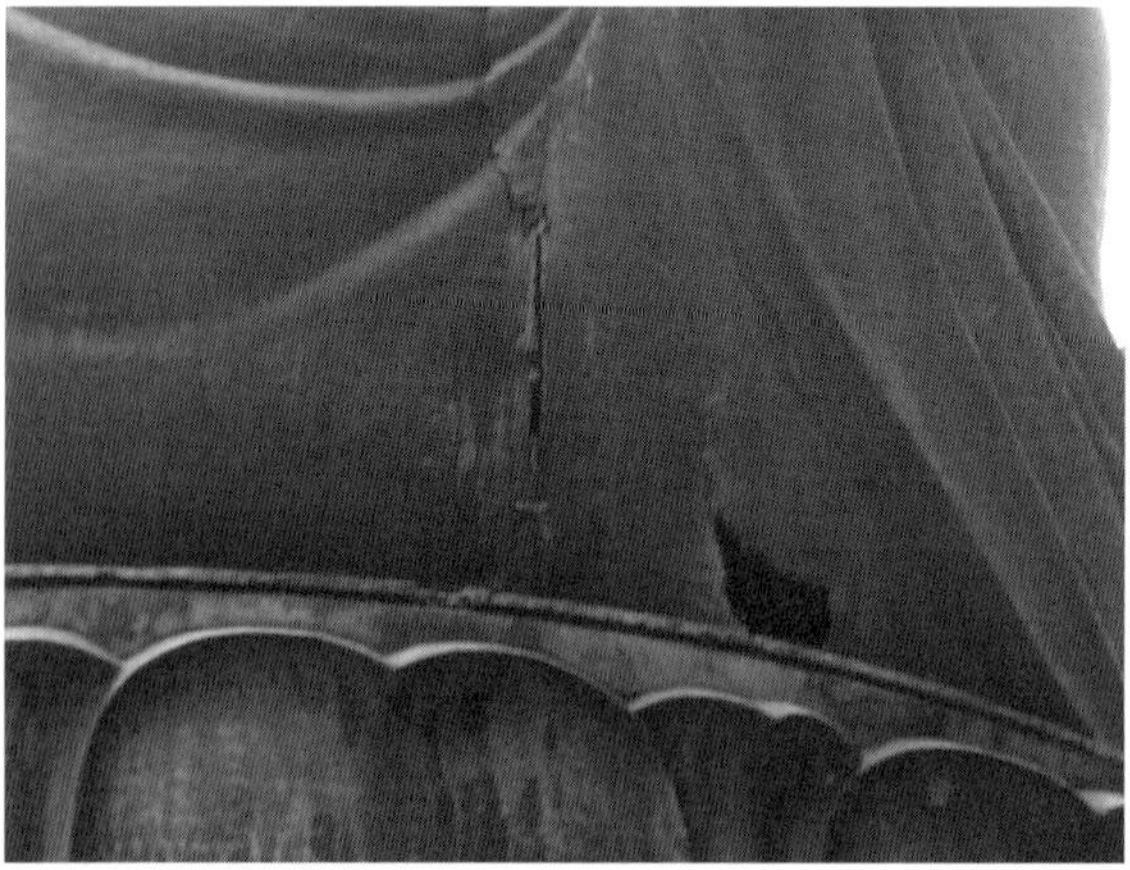

↑新宿名物「追分だんご」
→新宿御苑前の散歩道に再現された流れ。上水の解説板などもある

追分周辺の奇譚

地図P.75

●とろけ庚申《こうしん》とグラマー観音（天龍寺）：上野寛永寺、市ヶ谷八幡（亀岡八幡）の鐘とともに江戸の三名鐘として親しまれた時の鐘で有名な寺である。内藤新宿は江戸の西端で武士が登城するのに時間がかかるため明け六つの鐘を三十分ほど早めについたという。また、遊郭で遊ぶ人を送り出す時刻も知らせたので「追い出しの鐘」ともよばれていた。その梵鐘と、この時刻を知るために使われたやぐら時計が新宿区指定文化財として残っている。

当寺には年代不詳の庚申塔が三基並んでいるがどれも摩耗がすすんでおり、像容ははっきりしない。特にそのうちの二基は高輪・光福寺の「幽霊地蔵（前述）」や下目黒・大円寺の「とろけ地蔵」のように火災の熱で溶けたようである。

また境内には新しそうな像だが一風変わった女神像が立っている。頭上の化仏《けぶつ》（阿弥陀如来）は観音菩薩の特徴だが、リボンのように巻いた天衣を右手に持ち、巨大な指輪（宝螺《ほうら》か）のような持物《じもつ》を指に載せている。

さらに目立つのは胸の膨らみで、江ノ島の弁天様より巨乳だ。本来、観音菩薩は優雅で中性的な像様が多いが、よく見ると髭を蓄えていたり、馬頭観音などは憤怒《ふんぬ》の表情で男らしい。しかし聖観音、白衣観音、魚籃観音などは女神信仰と融合したため性転換してしまったのだ。

●雷を祀る稲荷？（雷電稲荷神社）：新宿四丁目、天竜寺の裏にあたる場所に小さな社《やしろ》がある。昭和三（一九二八）年、花園神社に合祀されているが、こちらが本源であった。

ここには八幡太郎義家の伝説が残る。

↑雷電稲荷神社

←天龍寺の「とろけ庚申」２基。３基並んでいるがもう１基は全く像形が残っていない

奥州討伐の軍勢を引き連れてこの付近を通ったとき、突然の激しい雷雨に襲われた。義家はなすすべもなく小さな祠の前に立ち尽くすと、どこからともなく白い狐が現われて義家に頭を三回下げた。その途端雷雲は去り日が照り輝いた。里人たちは、いつしかこの宮を雷電神社とよぶようになった。

●夫婦和合のお稲荷さん（花園神社内）：花園神社は古くは四谷稲荷とよばれ、この地の鎮守であったとあるが明治以前は三光院という神仏習合の寺院で、寛永年中（一六二四〜四三）以前までは伊勢丹の建っている地域にあった。しかし社地が朝倉筑後守の下屋敷に囲い込まれてしまったために現在地に移された。

　境内の分社には上記、雷電稲荷神社のほかに「威徳稲荷神社」がある。これも昭和三（一九二八）年頃の建立といわれるから「産めよ増やせよ」の時代の所産であろうか。しかし今でも子宝を望む婦女からの信仰が篤い。よく見ると鳥居の上に巨大な男根が奉納されている。社の裏にもひっそりと金精様（男根型石像）が立つ。

　家内円満・夫婦和合のお守りは男女のミニ陰陽物だ。社務所で「威徳稲荷のお守りを分けてください」といえば出してくれる。

●飯盛女の手練手管：落語で有名な『文違《ふみちが》い』は、内藤新宿で実際にあった話だといわれる。したたかな遊女が自惚れ強いが間抜けな男と鈍感で人の好い田舎者から言葉巧みに金を工面してもらう。それを苦み走った良い男に渡してしまうが、結局自分も騙されたことを知る。しかしその男も騙されているに違いない、という顛末だ。「他《ひ》人《と》は客　我は間夫《まぶ》だと思う客」である。

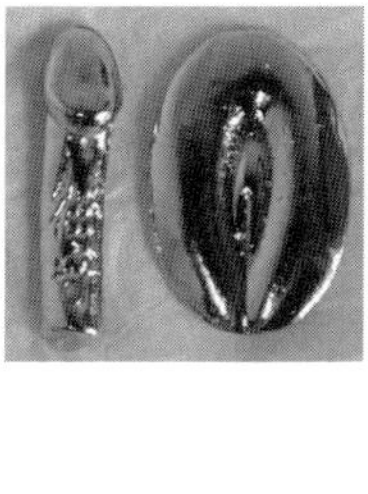

↑威徳稲荷神社の鳥居の上に奉納された巨大な男根
→威徳稲荷神社の「家内円満・夫婦和合」のお守り

→天龍寺の「グラマー観音」。「とろけ庚申」ともに筆者が勝手に命名しました

旧道の面影を求めて

大流行したやくよけ祖師

地図 P.103

内藤新宿の賑わいに一役買ったのが堀之内の妙法寺だ。甲州街道、青梅街道のどちらかを使って参拝することになるが、いずれにせよ内藤新宿を通過する。

『江戸名所図会・巻之四・日円山妙法寺』には「すこぶる盛大の寺院たり」「当寺は遥かに都下を離れたりといへども、霊験著《いちじる》しきゆゑに、諸人遠きを厭《いと》はずして、歩行《あゆみ》を運び渇仰《かつごう》す。毎年七月法華千部、十月十三日御影供《みえいぐ》を修行す。その間群参稲麻《とうま》のごとし」「都鄙《とひ》の貴賤日ごとにここに詣《もうで》して、百度参《まいり》等片《かた》時《とき》絶ゆることなし」などと書かれ、当時の爆発的人気を伺い知ることができるが、当時の杉並区堀ノ内は江戸からだいぶ遠い場所だったことが伺える。

これほどまでに人を惹き付けた理由は日蓮大師の霊像のご利益だった。この像は元禄年間（一六八八〜一七〇四）に碑文谷《ひもんや》の妙法華《みょうほっけ》寺から堀之内へ移されたのである。

像の縁起は、当時四十歳だった日蓮上人が鎌倉の岸から伊豆の伊東へ配流《はいる》されるとき、弟子の日朗《にちろう》上人が師に随身しようと願ったが許されなかった。そのとき岸に霊木が流れ着いたので、師を慕い、その身を案じて師の姿を彫った像なのだという。日朗上人は日夜この像に給仕を続けた。二年後の大厄に赦免された日蓮上人がこの像を見て「我が心神はこの木像に移った。身は亡びるがこの像は世に残るから除厄《やくよけ》と号すべし」と自ら開眼したものだと

↑絵馬堂には立派な絵馬が多数掲げられている
→妙法寺で突然の激しい夕立に見舞われた。筆者の厄を洗い流してくれたのかもしれない

いう。そして妙法寺で出す妙符に三七《さんしち》日（二十一日間のこと）の間祈れば祈願成就するといわれ、上記の様相を呈するに至ったわけである。妙法寺には明治十一年に完成した重文の鉄門や絵馬堂など多くの文化財が残されている。

甲州街道からだと二キロ半程あるが青梅街道からだと一キロ未満の距離だから、多くの人は青梅街道から参拝したと思われるが、釜寺に寄るなら甲州街道から入ってもよい。

大釜を屋根に載せた寺

地図 P.103

甲州街道の大原交差点は、かつての釜寺参道入口にあたる。駅は京王線の代田橋が近い。ここには台座に「念仏堂道」と彫られ、道標を兼ねた大きな石地蔵が立っていた。ここから一キロメートル程北上した神田川沿いに釜寺はある。大正十一（一九二二）年に台東区入谷から移転してきた東運寺が合併されるまで、ここは念仏堂といわれていた。したがって山号は念仏山である。しかし通称もバス停名も釜寺だ。

かつては遠くからも屋根の上の大釜（直径約一・五メートル）が見えたという。突飛な話と思われるかもしれないが本来、この釜は山椒大夫が厨子王丸を釜ゆでの刑に処すためのものにちなんだものだ。そのとき、彼を救ったのが安寿姫と厨子王丸が肌身離さず持っていた守り本尊の地蔵菩薩（『新編武蔵風土記稿』には三寸二分の銅仏といわれるが、現在のものは倍程の大きさ十八センチの素彫り木像という）だったという。

森鷗外の小説にこのシーンは登場しないので、どのような状況が展開したのかは不明だが、これが身代わり地蔵とよばれ信仰を集めたのだ。ではなぜ

↑地蔵堂の板人形は安寿姫と厨子王丸であろうか

↑米一俵が炊けるという釜寺の屋根に乗った大釜。これは戦後、新たに奉納された二代目だが、古くから正月の餅つきの時や大震災の炊き出しに使われていたものという

安寿姫は弟を逃がしたときに救われなかったのかという疑問が残るが、この安寿姫こそが身代わり地蔵なのではないかと考えれば納得がいく。

鴎外もこの尊像のことは知っており、著述の中に取り上げているという。

この地蔵菩薩は天正元（一五七三）年に備前の一安上人が行脚して当寺から西へ一・五キロ程の大宮八幡宮（大宮寺）へ奉安していたが後に方南の大地主が屋敷を堂に造り替え尊像と上人を迎えた。それが念仏堂である。

大宮寺にあった頃から武州方南釜寺の名は江戸近郊の名所だったというが、特に近代には戦争に出征する兵士がこの御影《みえい》符や護符を身につけて戦地へ赴いたという。

大戦後この地蔵尊の分身が造られ一九七〇年頃まで方南町の家々を巡行していた。巡行とは尊像を背負いやす

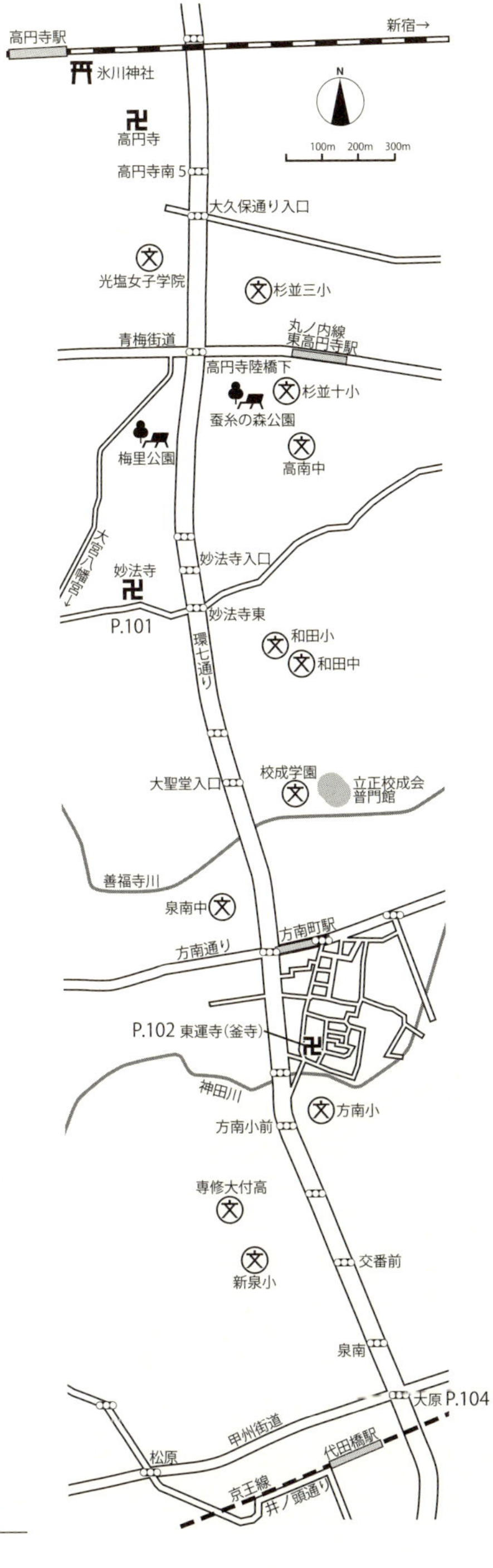

→かつては大原の交差点に立っていた身代地蔵尊は今、東運寺（釜寺）山門の前に立つ

い厨子に納めて檀家の家から家へと申し送りし、例えば次の大祭までの一定期間、一晩とか一週間ずつ泊めて（もっと長い期間のケースもある）、それぞれの家でお祀りする民間信仰である。

高井戸の宿はどこにあった

地図
P.103

大原交差点から甲州街道を京王線に沿って西に向かうと松原交差点~明大前の駅前~下高井戸駅の入口となるが、宿場の面影は皆無である。しかも甲州街道は首都高新宿線の下を走り、排気ガスまみれだけだから、このコースを歩くことはあまりおすすめできない。

ところで高井戸宿は具体的にはどのあたりだったのだろう。一般にその場所は下高井戸駅の一つ先、桜上水駅付近といわれる。

京王線は大正二（一九一三）年、笹塚~調布間で開通されているが戦前の甲州街道は自動車なども滅多に通らず、野菜や肥料を積んだ馬車がのんびり行き来していたという。しかしその頃でさえ、すでに高井戸宿の跡はなかったようだ。

さらに戦後になると住宅街は新宿から西へ西へと拡がり、猛烈な勢いで開発されたから、ますます街道の様相は変わってしまったのだろう。わずかに下高井戸、上高井戸の地名が残るだけである。ちなみに、日本橋に近い方が下高井戸である。

旧甲州街道を歩く

地図
P.105

杉並区の端、甲州街道と環八通りの交差点は上高井戸一丁目である。ここから西に百メートル程下ると道が二股に分かれる。左が旧道だ。

旧道といっても、悲しいほど何も残っていない。しかし旧道独特の雰囲

↑「高く買います！　安く売ります！」の看板の前に石仏が一列に並ぶ不思議な光景

→甲州街道分岐点。左が旧道

気は残っている。つまり道幅、カーブ、川が流れる谷に向かう下り具合などである。特に史跡があるわけではないが、この雰囲気は決して悪くない。

世田谷区の北端を抜け、調布市の東端まで二・五キロ程続いている。甲州街道本道と京王線に挟まれた地帯である。駅でいうと八幡山駅の先から芦花公園駅、千歳烏山駅、千川駅の手前までで、調布市の仙川三差路交差点で再び本道に合流する。

芦花公園駅手前の長泉寺参道に石仏が十体ほど、ぶっきらぼうに並んでいた。妙な感じだ。これから山門を整備するのだろうか。

そこを過ぎてしばらく行くと、ようやく『せたがや百景 45 旧甲州街道の道筋』というプレートを発見した。「南烏山《からすやま》から給田《きゅうでん》へとつづくこの道は、かつての甲州街道です。昔の街道筋を

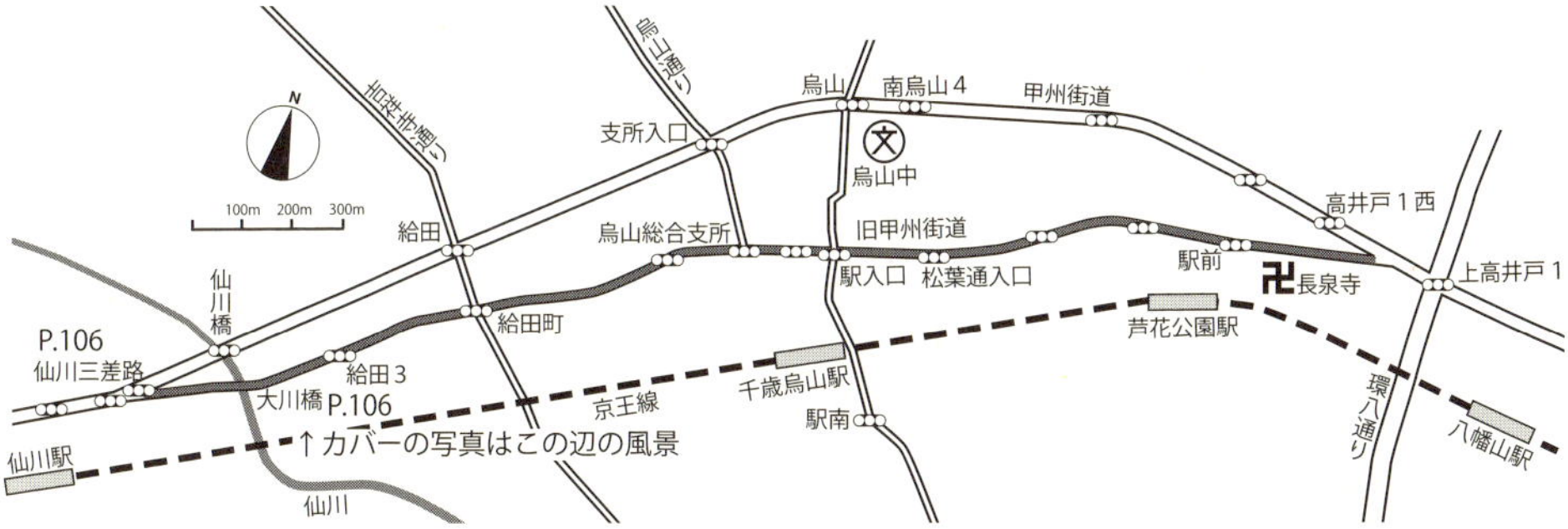

↑廃仏毀釈の遺産か、首を刎ねられた地蔵が並ぶ
→旧道を示す唯一の標識。過剰な演出は必要ないが、これだけというのも寂しい。よそ者の勝手な願望か

江戸外れ〜江戸出入り口

偲《しの》ばせる風景はほとんど残っていませんが、この道筋そのものが街道だったことを忘れるわけにはいきません。道の由来を知れば、その時代、時代の道筋の風景を脳裏に浮かべることもできます」とは、間違いないにしても少し無責任な解説である。勝手に勉強して勝手に想像しながら歩けというわけか。確かに感傷を総動員して歩けば多少のロマンスを感じるかもしれない。しかし目にする現実の光景は歩いても歩いても日常である。

今は暗渠《あんきょ》だが明らかに川筋だったと思われる場所に首を刎ねられた地蔵が並んでいた。少し心が動く。破壊された石像とはいえ、残っているからこそ廃仏毀釈の歴史を訴えかけてくる。

やがて道が明らかに下りに差しかかる。本道を歩いているだけでは味わえない、ゆったりとした負荷が足に掛かる。仙川が削った谷に向かっているのだ（カバー写真）。渡ればちっぽけな流れにしか見えないが、堤防に挟み込まれる前の川は、いかに自由に悠々と流れ、時には暴れたであろうことを実感せずにいられない坂である。橋の名は大川橋。

渡って二百メートル程で仙川三差路の合流点。渡って振り返ると本道は平坦に新宿へ向かっているが旧道は谷に向かい下っていた。二十三区を出てすぐの地点である。

ここから先は京王線柴崎駅と国領駅の間、調布市を流れる野川を渡ったところで甲州街道は再び旧道と分かれ府中市の本宿町で合流する。この間の旧道には昭和の雰囲気が残っているのだが別の機会に改めてご紹介したい。

↑仙川三差路。左は新宿へ向かう平坦な本道。右の旧道（白い矢印）は下っているため先が見えない

↑おさえ込まれ今は眠ったような仙川の流れ。奥に京王線が走る

異国への渡し場

日野の渡し

地図 P.107

本書の守備範囲（都内）から大きく外れてしまうのだが、東京は東西に長いから甲州街道における江戸の果てとしての年輪を探しているうち、ここまで来てしまった。

上記の調布市と府中市をすぎ、国立市、立川市へと下り、日野市に入り日野橋交差点を左折して日野橋で多摩川を渡る。まずはこの川を渡る場所は外せない境界線だ。

しかし実際に渡しがあった場所はもう少し上流、現在の立日橋《たっぴ》のあたりである。ここが日野津《ひののつ》＝日野の渡し跡で、立川市錦町下水処理場脇の「日野の渡し碑」には「かつて信濃甲斐相模への人々は この渡しを過ぎると 遠く異境に来たと思い 江戸に向かう人々は 江戸に着いたと思ったという」ある。

この渡しは貞享元（一六八四）年から大正十五（一九二六）年、日野橋が架けられるまで続く。冬の渇水期には河原も広くなるので土橋が使われた時代もあったという。

日野市教育委員会の解説板によれば、それ以前はもう少し下流の万願寺渡船場（現在の多摩川橋近く）が使われて

↑渇水期の立日橋。橋は二段になっていて上はモノレール用
→『江戸名所図会・巻之三・日野津』待合を兼ねた小屋では西瓜や多摩川名物の鮎の串焼きが売られている

いたという。それも農耕のための作場渡しとして利用されていたという。

営業妨害か、誰も語らぬ刑場跡

地図 P.109

甲州街道は新宿から高尾山口まで京王線に寄り添うように進むが、八王子市での旧道は高尾駅の先、小名路で本道と分かれ駒木野の関所（小仏関所跡）を通過して小仏峠へと向かう。その間に刑場はなかったのだろうか。

　甲州街道で鈴ケ森や小塚原の刑場に相当する場所は杉並区今川にあったというが定かではない。しかも場所的には甲州街道というより青梅街道だから比較にならない。

　ただ日本橋から遥か十一里先と、だいぶ離れるが甲州街道が多摩川を渡り浅川にかかる河原近くに江戸三大刑場の一つと伝えられる大和田《おおわだ》刑場があった。現在の大和田橋周辺だ。

　しかしここまでくると、もはや江戸というより八王子宿（横山宿）の境界と考えたほうがよさそうだ。江戸の罪人をわざわざここまで運んで処刑するとは考えられない。ここでは主に多摩地域の罪人が処刑されたということだ。

　かつて橋の北詰にあたる地域は下大和田村で『新編武蔵風土記稿・巻之百・多磨郡之十二』には「民戸わづかに九軒」とある。南詰は子安村で民戸は六十六軒である。当時から子安明神が鎮守で、現在は明神町と子安町に分かれている。『新編武蔵風土記稿・巻之百二上・多磨郡之十四上』子安村の項には「橋梁・土橋・浅川に架せり、長八九間、甲州街道の橋なり」とある。しかし宝永二（一七〇五）年六月には浅川が満水して人馬の往来を止め、大和田の渡船が三日間も出なかったという記述（『八王子物語』）もある。『新編

↑←大和田橋周辺。かつてここには渡船場と刑場があったという

武蔵風土記稿』は文政十一（一八二八）年に完成しているから、江戸の後半まで橋はなかったのかもしれない。

　筆者がこの辺りかと目をつけた場所の近くには交番があり、そこで一応訊ねてはみたものの予想通り、他の土地出身で当地域の歴史とは無関係の若い巡査しかいなかった。また、八王子市郷土資料館の方（知人）に伺っても「現在○○が建っている場所あたり…らしいがはっきりした確証はない」という推測範囲内の回答しか得られない。

　この一帯はすでに開発の手が入っており、公共施設や寺院以外の一般営業地域や居住地となっているためもあろうが、刑場の歴史は葬られてしまったかに見える。

　ただ、近くには都立高校などがあり、そこの在校生や卒業生の間では、ここに刑場があったことは、ある程度は史実として認識されているようだ。さらにそこではいかにもじみた、さまざまな怪談・奇談が語り継がれている。たとえば「現在○○がある場所にはかつて獄門台（斬首された首を見せしめに晒すための台）があったらしい。その場所で生首が甲州街道をまたいで飛んでいたのを見た人がいる」などの話が囁かれている。

　また大和田橋は甲州街道に対して筋違いに架かっていることも原因であろうが、近くのカーブでは事故が多発するという。そうなると当然その手の噂が好きな人々は刑場で処刑された人の恨みや怨霊などとの関係を半ば興味本位に吹聴することになる。

　しかし、筆者にはそのような話を一笑に付すつもりはいささかもない。「出る」と囁かれる場所、何かが起こる場所には必ず何らかの因果があるのだ。少なくとも家族には、この橋を車で渡る時は事故に注意するよう忠告してしまう。

　刑場は明治の初期に廃止されているはずだが、それから百数十年経った現代にもなお、このような話が土地や営業上の利害に関係のない若者の間で語

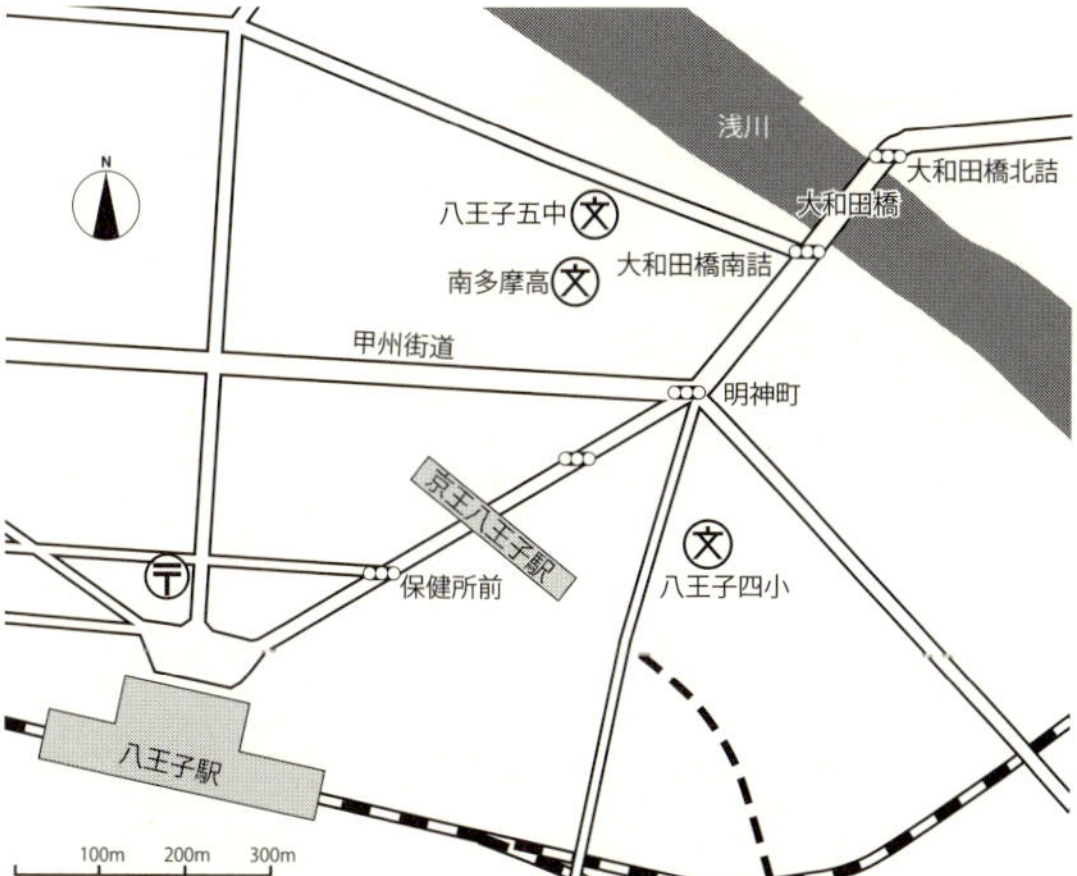

り継がれていることは、ひとつの世間話（軽い民間伝承）がこの地に根付いているということである。

　ところで甲州街道の旧道における江戸との境界ということで、最後にあえて極論をいえば、それはこの先の小仏峠ということになろうか。

　ここの麓・駒木野には関所が設けられていて、関所を破った者は厳刑に処せられ、そのほとんどは磔《はりつけ》だった。江戸時代に磔に処せられた者は意外に少なく、八人だけだったというが、その場合の刑場は大和田ではなく小仏峠に向かう旧甲州街道と現甲州街道の分岐点、JR中央線と京王線の高尾駅に近い小名路《こなじ》にあったという。その手前には「両界橋」という実に意味深で筆者好みの名の橋があるが、現状は橋の上を中央本線が通り交通量も多い。

　ちなみに小仏峠に最初に関所を作ったのは北条氏照《うじてる》で、当初は峠の頂《いただき》にあったものが江戸時代に入ってから駒《こま》木野《ぎの》に移された。その時期は東海道・札の辻に芝口門が築かれた年と同じ元《げん》和《な》二（一六一六）年である。つまりこの頃に主要街道の要所が着々と整備されていたということである。

第四章 中山道の年輪を探る

板橋宿（下板橋宿）の中には大木戸があり、そこは高札場にもなっていた。他の街道に比べると朱引線、つまり都市部が突出して奥まで食い込んでいる。上板橋宿を含み、四宿の中では板橋宿が日本橋から最も遠かったからか。

　中山道は東海道同様に江戸と京都、大坂を結ぶ重要な往還であるが海道と大きく異なる点は木曽路に代表される険阻な山道である。しかしその反面、海や川がないため天候に左右される川留《かわどめ》や渡海のリスクは少ない。日程が確実に計算できるから幕府役人や藩士をはじめ多くの旅行者が利用した。つまり、街道自体が「急がば回れ」の精神なのである。だからというわけでもあるまいが、中山道には品川、新宿、浅草のような、ある意味でのキラキラした華やかさはない。反面、通《つう》好みの渋さと誠実さが顔をのぞかせる。

筋違《すじかい》御門から旧中山道へ

↑本郷薬師の小堂　↓東大の赤門

↑かねやす周辺。かつてはここまでが江戸だった

ITの街から信仰の街へ

地図
P.115

日本橋から中央通を北北西方向に進み、三越、総武本線新日本橋駅、神田駅東口と過ぎると神田須田町の五叉路に出る。中央通りは万世橋に向かうが、直線的に神田郵便局方面に進むと、そのすぐ先に東海道や甲州街道の大木戸にあたる筋違御門（神田見附）があり、門内には高札場もあった。前述したが一帯は神田・日本橋方面からの道路が集まり、八方から入れる広小路になっていたので八ツ小路とよばれた。今の神田郵便局周辺だろうか。

そこから神田川を渡ると秋葉原電気街の外れで、道は本郷通りとなる。銭形の親分とガラッ八が活躍した舞台、明神下を左折して湯島聖堂と神田明神の間を抜けて本郷通りを八百メートルほど北西に進むと本郷三丁目の交差点に出る。南西の角に

「本郷もかねやすまでは江戸のうち」と古川柳に詠われ、享保年中（一七一六～三六）に歯磨き「乳香散」で繁盛した兼康《かねやす》（現在は洋品店）がある。

乳香散は兼康祐悦という口内医師が考案し売り出したものだ。本店は京都の今出川で本郷の店は芝柴井町にあった支店のさらに出店。ところが店先に幕を張り屏風を立て、番頭が乳香散の効能を面白おかしく喋るので評判になり人気が出たという。ただ、すぐ近くにも通称おもだか屋という歯磨商があって常々張り合っていたという。

「おもだかを買って兼康ただ聞かれ」とは皮肉なものだ。

↖大円寺の手描き絵馬　↑ほうろく地蔵堂
←園乗寺のお七の墓

さて、ここまでが日本橋からは約三キロメートル程。享保年中は江戸の境界線だったということで朱引内とされていた時代があったのである。

　本郷三丁目の交差点を渡ってすぐ左には、いかにも庶民的な本郷薬師の参道や、樋口一葉を始めとする文豪が多く住んだことで名高い菊坂への入口がある。さらに北上すると右手に加賀さまの表門（加賀藩前田家の上屋敷）といわれた東大の赤門がある。

　本郷弥生交差点の一つ先の信号（東大農学部正門前）で左折して本郷通りと別れ、一キロメートルほど進むと道路名は旧白山通りとなるが、こちらが本来の中山道である。

　それぞれ道から少し入るが、右に八百屋お七を供養するほうろく地蔵が立つ大円寺。左に、お七の一家が身を寄せた園乗寺がある。ここにはお七の墓とお七地蔵がある。八百屋お七については『東海道「鈴が森刑場」八百屋お七』の項を参照いただきたい。

ほうろく地蔵と手描き絵馬

地図P.115

大円寺には幕末の砲術家・高島秋帆の墓があることで知られるが、お七にちなむほうろく地蔵も人気がある。ほうろくとは炮烙《ほうらく》のことで、火にかけて使う素焼きの平たい土鍋のこと。お地蔵さんが自らこれを頭にかぶり、焦熱の苦しみを受けたお七を供養しているのだという。地蔵堂の左右に立つ三基の庚申塔も見応えがある。

　大円寺の和尚は絵心と詩心のある人物とみえ、境内のあちらこちらに手書きの絵馬が下がっている。さらりと描いてあるが、どれもすばらしい。ほうろく地蔵を訪ねたのだが、すっかり絵馬の魅力に捕らわれてしまった。

↑巣鴨地蔵通商店街のゲート。扇のイラストがめでたい

↑白山駅から参拝すると社殿の横に出てしまい、少々拍子抜けしてしまう

白山神社
地図P.115

土地名、駅名、通り名の由来になっている白山神社もこの近くだ。もともと創建された場所は本郷一丁目だが、元和年間に今の小石川植物園の敷地に移され、明暦元（一六五五）年に現地に移された。社殿は北向きなので三田線「白山駅」から参拝すると社殿の横に出るので何も感じないが京華通りから入ると高い階段を上ることになり、どうもこちらが正面参道だったかと思われる。やはり白山と山の字がつくからには、こちらから息を切らして参拝したほうが有難味がある。

一般に白山権現は女神とされるが、浅草弾左衛門が信仰した神でもあった。

目赤不動
地図P.115

本郷通り沿いに戻り、本駒込駅から百メートルほど北に江戸鎮護五色不動のひとつ目赤不動の南谷寺がある。ただし陰陽五行説とは方角が一致しない。本来赤は江戸城の南に位置しなければならないのだ。

巣鴨駅おばあちゃんの原宿
地図P.115

都営三田線の千石駅手前で白山通と合流し巣鴨駅へ出る。かつて一帯には沼地が多くあり、鴨をはじめとする水鳥が多く生息していた。駅前を過ぎると左手に「おばあちゃんの原宿」として有名な巣鴨地蔵通商店街の入口が見える。ここが中山道の旧道になる。季節を問わず中高年層の熱気が溢れている。ところが観光客が多いわりに商店街としての売り上げは減少しており、もっか打開策を練っている最中だ。

ゲートのすぐ左が江戸六地蔵の三番が鎮座する眞性寺である。

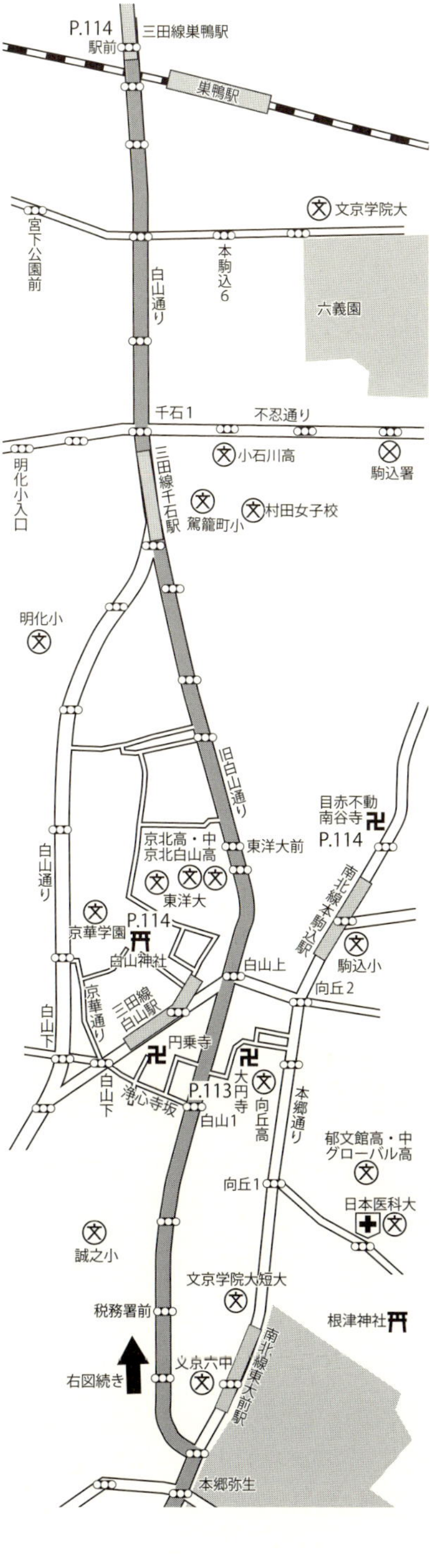
P.114
三田線巣鴨駅
駅前
巣鴨駅
文京学院大
宮下公園前
本駒込6
白山通り
六義園
千石1
不忍通り
明化小入口
小石川高
駒込署
三田線千石駅
駕籠町小
村田女子校
明化小
旧白山通り
目赤不動南谷寺
P.114
東洋大前
京北高・中
京北白山高
東洋大
南北線本駒込駅
京華学園
P.114
白山神社
白山通り
白山上
駒込小
向丘2
京華通り
三田線白山駅
白山下
円乗寺
P.113
大円寺
向丘高
本郷通り
白山下
浄心寺坂
白山1
郁文館高・中
グローバル高
向丘1
日本医科大
誠之小
文京学院大短大
税務署前
根津神社
右図続き
文京六中
南北線東大前駅
本郷弥生

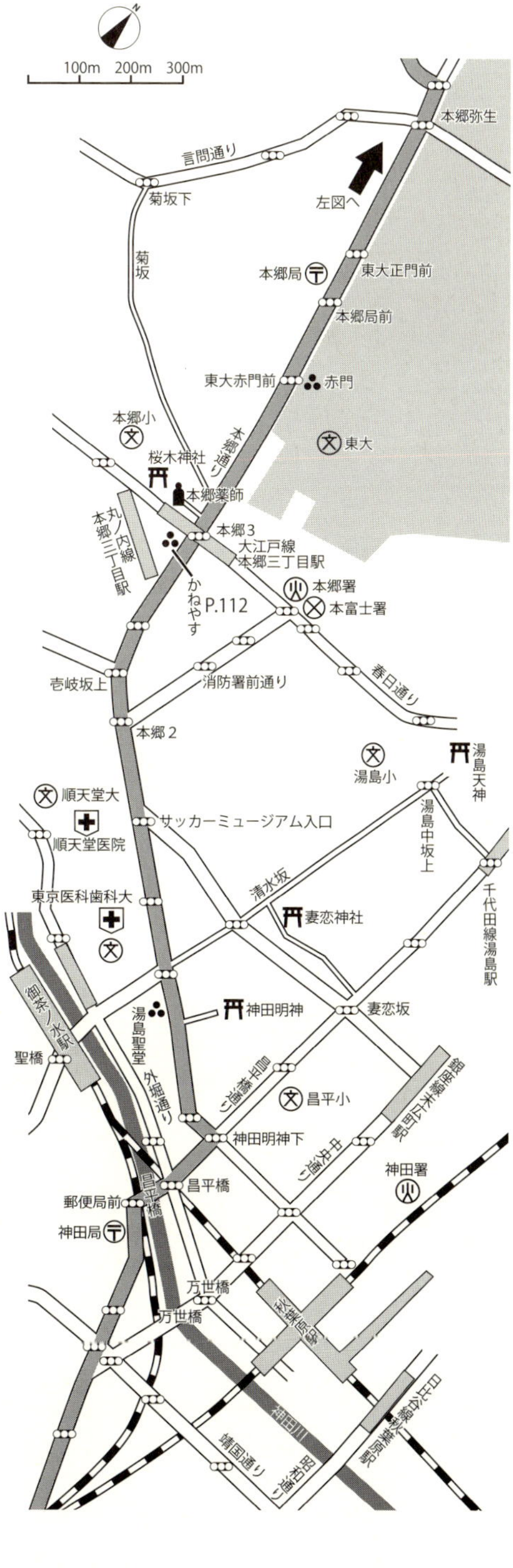
N
100m　200m　300m
本郷弥生
言問通り
菊坂下
左図へ
菊坂
本郷局
東大正門前
本郷局前
東大赤門前
赤門
本郷小
東大
本郷通り
桜木神社
本郷薬師
本郷3
丸ノ内線本郷三丁目駅
大江戸線本郷三丁目駅
かねやす
P.112
本郷署
本富士署
壱岐坂上
消防署前通り
春日通り
本郷2
湯島小
湯島天神
順天堂大
順天堂医院
サッカーミュージアム入口
湯島中坂上
清水坂
千代田線湯島駅
東京医科歯科大
妻恋神社
御茶ノ水駅
湯島聖堂
神田明神
妻恋坂
聖橋
外堀通り
昌平橋通り
昌平小
銀座線末広町駅
神田明神下
中央通り
昌平橋
神田署
郵便局前
昌平橋
神田局
万世橋
万世橋
秋葉原駅
日比谷線秋葉原駅
神田川
靖国通り
昭和通り

江戸六地蔵・札所三番「眞性寺」

地図 P.123

眞性寺の六地蔵は線香の煙が絶えない。地蔵通商店街の賑わいに応じて寺でもそれなりに力を入れているようだ。

解説板も東京都教育委員会のものと眞性寺のものがあり丁寧だ（年代が微妙に違うが）。それによると発願《ほつがん》主の地蔵坊正元は若い頃に大病を患い、両親が地蔵菩薩に一心に祈願を込めている姿を見て自らもご利益が得られたならば世の人々のために地蔵菩薩のご利益を勧め多くの尊像を造立したいと誓ったところ難病から本復した。

宝永三（一七〇六）年に発願し、六体が完成するまで十五年に及び浄財を集め続けた。各像には寄進者の名前がびっしりと刻まれており、その合計は七万二千名以上に及ぶというから一体に平均して一万二千名の名が彫られていることになる。左写真尊像の腰から尻にかけてその様子がご覧になれるだろうか。当寺の像は正徳四（一七一四）年に造立されている。像高は二メートル六十八センチ、かつては鍍金《ときん》（金を焼き付けてメッキする＝金銅《こんどう》）がなされていたという。『江戸名所図会』にはすでに描き込まれているが宝珠と笠は江戸後期に補足されたものという。

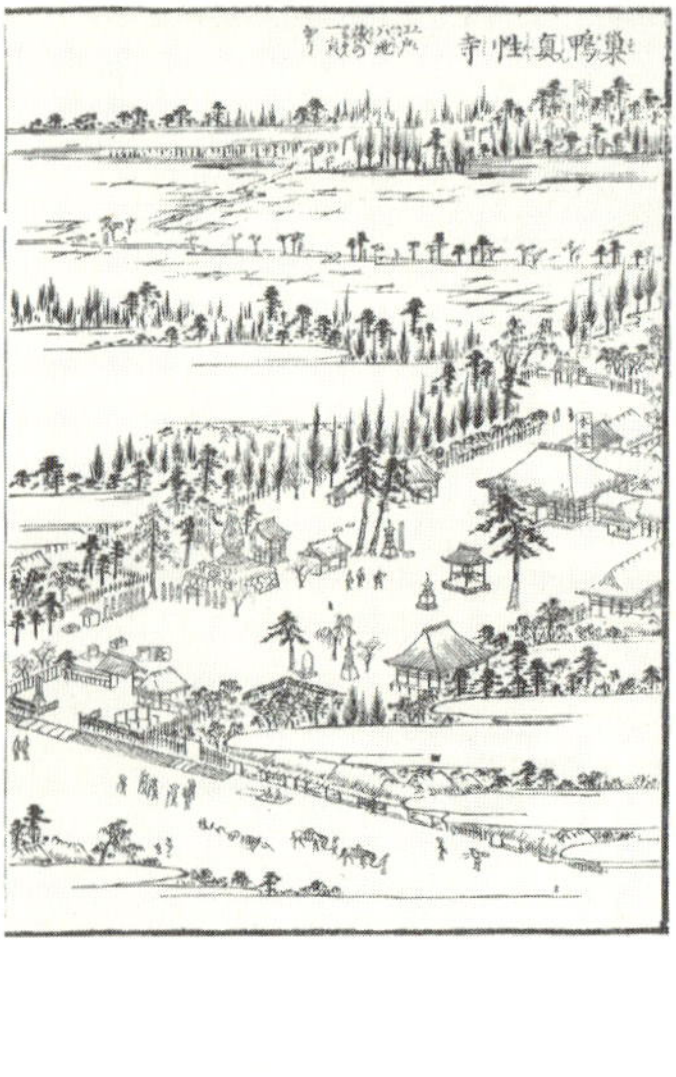

←『江戸名所図絵・巻之四・巣鴨眞性寺』

江戸六地蔵・札所三番「眞性寺」

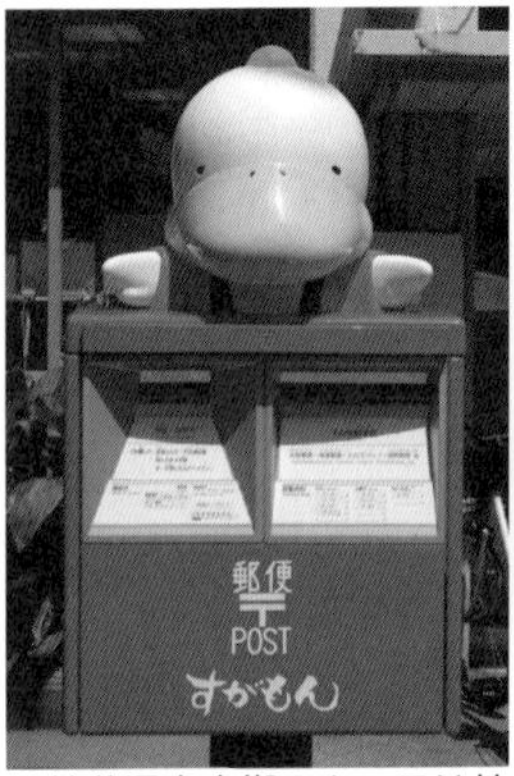

↑地蔵通商店街のキャラは地蔵ではなく巣鴨の「スガモン」

↑地蔵通商店街の賑わい。道路上にもワゴンが並ぶ

→高岩寺の観音菩薩像を洗う年配のご婦人

旧中山道を歩く

地図P.123

旧中山道はここから板橋宿を通って環七を渡り都営三田線「本蓮沼駅」の手前で現在の中山道（国道17号線）に合流するまで五キロメートル程続く。この短い距離で豊島区、北区、板橋区と通過し、通り名も地蔵通―庚申塚通―滝野川銀座―板橋駅東口商店街―平尾宿いたばし縁結び通―仲宿商店街（その中でも板橋駅前本通、不動通、本町商店街、坂町商店街）など、めまぐるしく変わるが、全行程を通していかにも旧道らしい雰囲気が残る道筋だ。

まず、そのうちの巣鴨地蔵通商店街は猿田彦大神の祀られている庚申《こうしん》塚までの約八百メートル。この間、道路両脇の店内だけでは賄いきれないかのようにワゴンや露店が道の中にまで並んでいる。いかにも原宿を冠した混雑ぶりで「おばあちゃんの～」というわりに中高年男性の姿も多い。

ただ、とげぬき地蔵・高岩寺の境内は女性が圧倒的に多いように見受けられる。境内でずらりと列をなしているのは、まさかこの像をとげぬき地蔵と間違えているわけではあるまいが、観音菩薩の石像を洗おうという人々である。束子《たわし》で洗うと像の傷みが早いことから布で洗うようになっている。

当寺が下谷屏風坂からこの地に移ってきたのは明治二十四（一八九一）年のことである。誤って針を飲み込んだ女性に、この地蔵菩薩の御影を飲ませたところ、針が御影に刺さって吐き出されたという縁起が伝わる。そこで病気などで悩む人がこの地蔵像の御影を飲むなり患部に貼るなりすれば、とげを抜いたように悩みが去るという信仰が生まれて人気が出た。しかし、一番

→猿田彦大神（巣鴨庚申塚）の左右には狛犬の代わりに猿の石像が

↓『江戸名所図絵・巻之四・巣鴨庚申塚』

ご利益をいただいてきたのは商店街だろう。というのも、もともと茶店があった場所は高岩寺周辺ではなく、もっと先の商店街の端にある巣鴨庚申《こうしん》塚周辺だったのだ。

日本一の赤パンツというキャッチの店先には深紅の下着がずらりと並んでいた。おばあちゃんパワーの源か。

庚申塚は『江戸名所図会・巻之四・巣鴨庚申塚』の挿絵に描かれている。ここは江戸から板橋宿への中間地点に当たり、茶店でひと休みする旅人も多かったようで、なかなかの繁盛ぶりである。肝心の庚申塚は画面右端にかろうじて描き込まれている。

中国に発した庚申信仰は六十日ごとに巡ってくる庚申の日の晩に人々が集まり夜を徹して健康長寿を祈ったことに始まる。その際の主祭神は青面《せいめん》金剛が圧倒的に多いが、じつは決まっているわけではない。ここ巣鴨庚申塚では庚申《かのえさる》のさると庚申塔の道祖神的性格（旅人の守護神としての一面）から、記紀に登場する猿田彦（天孫の道案内役を務めた）と習合して猿田彦大神が祀られている。もちろんこのような主祭神の入れ替えは明治以降のことである。

ここを過ぎるとすぐに都電荒川線の踏切があり「庚申塚駅」がある。ちなみにすぐ近くを平行して走る白山通り（中山道）を超えてすぐの妙行寺にはお岩さんの墓（「甲州街道「四谷怪談の怪」参照）、西方寺には高尾大夫の墓がある（日光・奥州街道「投込寺と穴だらけの黒門」参照）。

この先の旧道は地蔵通の喧噪が嘘のように落ち着いた雰囲気の庚申塚通となる。さらに明治通との交差点・掘割を過ぎると北区・滝野川地域に入る。板橋駅までの一・五キロメートル程だ

↗→↑庚申塚通から滝野川にかけては人通りもまばらになり昭和のままの懐かしい雰囲気がちらほらと残る

↑掘割交差点から豊島区側を見る

が左右には昭和の雰囲気を残した商店などもちらほら残っていて懐かしい。

　中でもきわだって目を惹かれたのは亀の子束子《たわし》西尾商店の本社だ。同社の商品は都会のデパートから田舎の雑貨店の店先に至るまで日本全国津々浦々で見かけるが、今でも民芸品のような味わいがある。その本社にふさわしいといえば、ナルホドと思わず納得してしまう風貌の社屋である。玄関脇の小さな亀の甲羅に賽銭が載っていた。小売りもしており、小さな箒を購入した。

　街並を楽しんでいるとあっという間に埼京線・板橋駅の踏切である。これを渡らず駅の東口に出るとロータリーのやや外れに近藤勇の墓がある。

近藤勇とおこりの神様

地図 P.123

　おこりとは毎日、たとえば午後になると発作や高熱を出す間欠熱の一種で、原因のほとんどがマラリア（回帰熱）といわれる。

　『北区の昔よもやまばなし』（東京都北区教育委員会）によると、あるとき滝野川の種子《たね》屋で知られた三軒家という場所の一角に漬物屋が店開きをした。そこの女主人は大変な働き者で商売も順調だったが、そのうち午後になると高熱を発して働けなくなる。心配した近所の年寄りがいうには「この店の場所は昔の馬捨て場で、お宅の台所のあたりはちょうど近藤勇が処刑された場所でもあるから、お祓いをしてもらって千川の向こうの近藤さんのお墓にお参りして加護をお願いしてみればいかがだろう」という。女主人は年寄りの言葉に従っていわれるままにお祓いをしたり近藤勇の墓にお参りをしたりしていると病気はすっかり治った。この話が人づてに伝わり近藤勇はおこりの

↑喫茶店の入口にお洒落な道標が

←近藤勇と土方歳三の墓石

↑亀の子束子西尾商店の本社

神様といわれて評判になったという。

　この話に出てくる千川上水の跡は今は暗渠になっているが、三軒家という場所は板橋駅東口周辺（北区になる）で千川の北側とすれば（近藤勇の墓は南側にある）、そこは日本橋から数えて二つ目の平尾一里塚近辺に当たる。板橋宿の外れでもあり、馬捨て場があったとしてもおかしくはない。板橋宿平尾脇本陣豊田家前に立つ板橋区教育委員会の解説板にも「近藤勇は、平尾一里塚付近で処刑されるまでの間、この豊田家に幽閉されていました」とある。

　しかし近藤勇が斬首された場所は前述、巣鴨庚申塚という説もあるし、亀の子束子西尾商店の近くには老舗の瀧野川種・苗店もある。処刑場所は確定されていないものの、官軍との戦いに敗れた新撰組局長の近藤勇は慶応四（一八六八）年四月二十五日に板橋で斬首されたことには違いない。

　多数の同士を近藤に殺された官軍側としては、馬捨て場こそ近藤の最期にふさわしいと判断したのだろうが、尊厳を無視した拷問で苦しめたあげくの屈辱的な扱いであったという。

　『足立の今昔』（足立区役所編）によると、近藤勇が下総流山で捕縛される数日前に十九日間滞在した足立郡五兵衛新田（現、綾瀬四丁目）には、密かに移動していた新撰組の一行が不意に訪れ、村中を巻き込んだ大騒動になったことを記す資料が残されている。

　それによると当初は五十人足らずだったのが日ごとに隊士が集結し、最終的には無頼の輩を含む二百人超の集団に膨らんだという。

　飢饉などに供えた備蓄食料が底をつくまで供出させられたのはもちろんのこと三百四十二両の莫大な出費（対し

て謝礼は僅か五両）を強いられた。さらに彼らが去った後には官軍の一カ月にも及ぶ厳しい取り調べを受けるなど、さんざんな目に遭った。これほどの被害ともいうべき迷惑を受けたにもかかわらず、村に近藤個人への悪口はまったく残っていないという。

たとえば「勇にはたまたま村の子供が綾瀬川でとれた鮒や鯉などを持ってくると、沓《くつ》ぬぎ石（現存）の上に立って頭をなでてやりながら、褒美の銭や菓子をやっていたという」などと書かれているように人懐っこく鷹揚《おうよう》な性格だったからなのだろう。

近藤勇の当初の墓石はただの自然石だ。何も刻まれていないからどれがそうなのかもよくわからない。現在の大きな供養碑は新撰組の生き残り・永倉新八が建てたもので土方歳三の名も刻まれている。隣にはその永倉新八の墓もある。他にも無縁塔（隊員たちの供養碑か）や卒塔婆などがあり、狭いながらもにぎやかな境内である。この一画は神社か小さな公園のようにも見える不思議な空間だ。

境内には近藤勇の小ぶりな石像が立っており、名刀虎徹《こてつ》（彼の虎徹は偽物だったという説もあるが、名刀だったことは確かなようだ）の柄《つか》にはアンパンや飴の入った袋がぶら下がっていた。近藤ファンは勇が甘党だったことをよくご存知なのだ。

↑八幡神社御祭禮の幟が目立つがその後ろに近藤勇墓所の看板が見える

↑近藤勇埋葬当初の墓石とある

↑アンパンをぶら下げた近藤局長

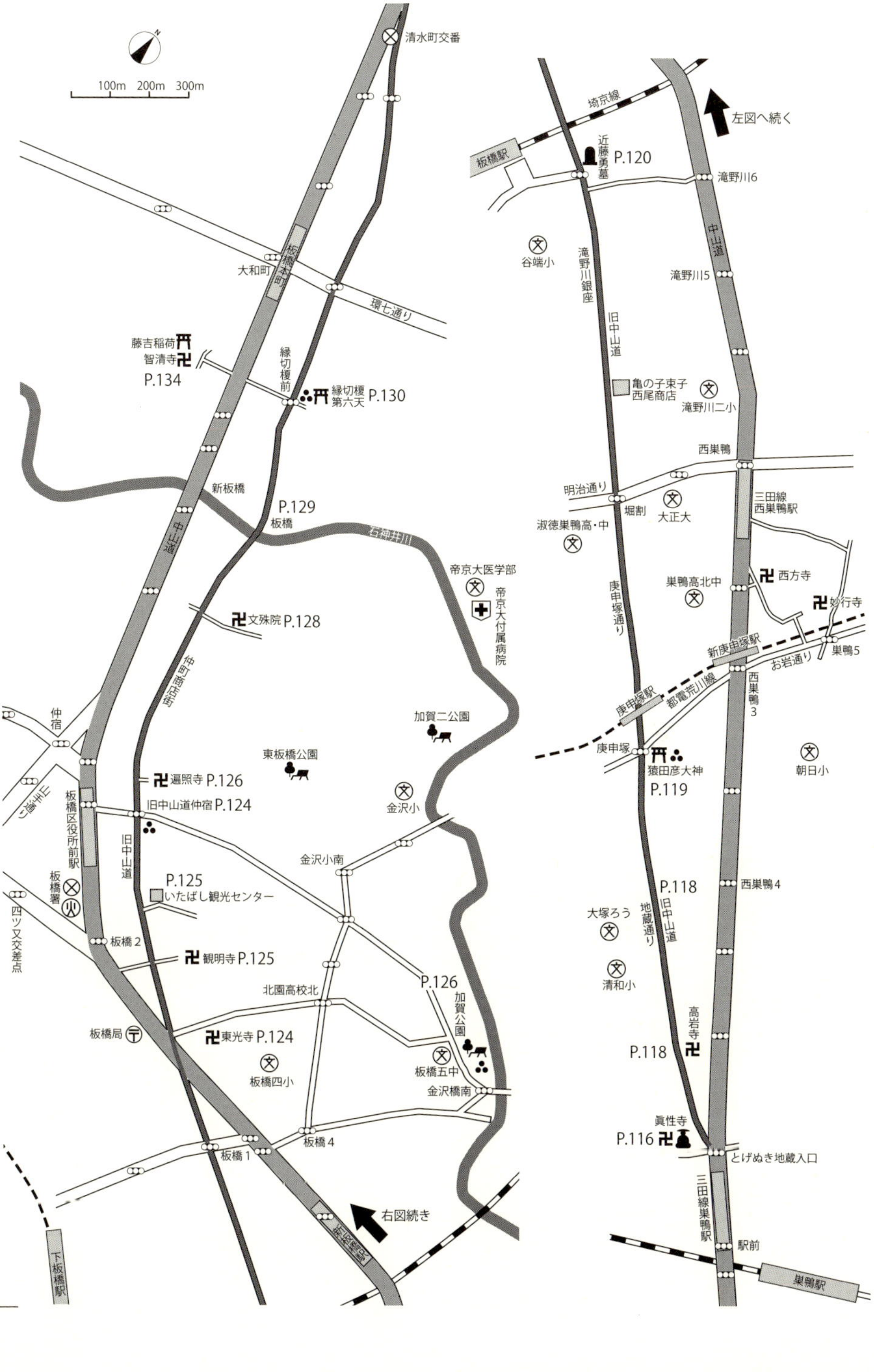
100m 200m 300m
清水町交番
板橋本町
大和町
環七通り
藤吉稲荷
智清寺
P.134
縁切榎前
縁切榎
第六天
P.130
新板橋
P.129
板橋
石神井川
中山道
帝京大医学部
帝京大付属病院
文殊院 P.128
中町商店街
仲宿
加賀二公園
東板橋公園
山手通り
遍照寺 P.126
板橋区役所前駅
旧中山道仲宿 P.124
金沢小
旧中山道
金沢小南
板橋署
P.125
いたばし観光センター
四ツ又交差点
板橋2
観明寺 P.125
P.126
加賀公園
北園高校北
板橋局
東光寺 P.124
板橋四小
板橋五中
金沢橋南
板橋4
板橋1
右図続き
下板橋駅
新板橋駅
埼京線
板橋駅
近藤勇墓
P.120
左図へ続く
滝野川6
谷端小
滝野川銀座
中山道
滝野川5
旧中山道
亀の子束子
西尾商店
滝野川二小
西巣鴨
明治通り
三田線
西巣鴨駅
堀割
大正大
淑徳巣鴨高・中
西方寺
巣鴨高北中
妙行寺
庚申塚通り
新庚申塚駅
巣鴨5
お岩通り
庚申塚駅
都電荒川線
西巣鴨3
庚申塚
猿田彦大神
P.119
朝日小
P.118
西巣鴨4
地蔵通り
旧中山道
大塚ろう
清和小
高岩寺
P.118
眞性寺
P.116
とげぬき地蔵入口
三田線巣鴨駅
駅前
巣鴨駅

線引き内～刑場

板橋宿・木曽路への入口

→平尾追分。正面が旧中山道で車の進行方向が現中山道だが、かつては川越街道との追分だった　↑旧中山道板橋宿入口

板橋宿

地図
P.123

●平尾追分：埼京線の踏切を渡り五百メートルほど進むと高速道路（中央環状線）が斜めに交差してくる。旧道を歩きなれた五感にはこの高速道路が異様なほど巨大に見える。その圧倒的な威圧感に潰されそうになるが、現中山道を走る車の流れの彼方に、今まで歩いてきた旧道の続きが見える。少しホッとする。

　そこは平尾追分とよばれた場所であり、川越街道（こちらの主宿は上板橋宿）との分岐点でもあった。

●東光寺のお地蔵さんと庚申塔：そそくさと幹線道路を横断し、旧道の佇《たたず》まいを確認してから東光寺へ寄り道をする。ここにはかつて、その平尾の追分を行き交う人々を見守っていた区内最大級の石像地蔵菩薩の座像があるのだ。延宝七（一六七九）年に現在の場所に移ってきた。どっしりとした体型で砲丸のような宝珠を持ち、錫杖も弁慶級の豪傑にしか持てないような代物《しろもの》だ。誠に頼もしくもあり愛嬌もある。

　その横に立つ笠付きの庚申塔も見事だ。こちらは寛文二（一六六二）年に建立されたもので、月・日・雲、三面《さんめん》六臂《ろっぴ》の青面金剛、二童子、邪鬼、褌《ふんどし》を締めた四夜叉《やしゃ》（鬼神）、御幣《ごへい》を持つ猿、鶏など、どれもしっかりと彫り込んである。地蔵を挟んだ反対側の並びには明治になって建立された宇喜田秀家の供養塔もあり、これも重量感がある。

●板橋宿の飯盛女：板橋宿は日本橋に近いほうから平尾宿、中宿（仲宿）、上

↑観明寺の庚申塔

↑東光寺の地蔵菩薩と　←庚申塔

宿に分かれていた。本陣は中宿にあった。三宿合わせた全長は約一・七キロメートルほど、人馬継ぎ立ては五十人、五十頭と定められていた。

　もちろん飯盛女もいて、明治五年に娼妓解放令が出たときの数は遊女屋三十四軒、飯盛女二百三十七人、芸者八人という規模だった。四宿の中では一番少ない。それでもずいぶん繁盛していたようだ。

　『木曾路名所図会』には「所々《ところどころ》に花魁《うかれめ》店前《てんぜん》にならび、紅粉《こうふん》を粧《よそお》うて花簪《はなかんざし》をさしつらねて美艶《びえん》をかざる。格子のうち、ゆきかう旅客《りょかく》は歩《あゆみ》をとゞめてあれをこれをと興ずるも多し」とあり、当時の様子が目に浮かぶ。

　ただ、失礼ながら飯盛女のレベルは他宿に比べるといまいちだったようで、川柳に「板橋と聞いて迎えは二人減り」と詠われている。同じ道筋なら本郷に近い根津権現前の遊郭（遊女屋六十九軒、女郎四百七人）のほうがマシだというわけか。

●観明《かんみょう》寺の庚申塔：平尾宿に入ってすぐ右に古びた赤い山門の観明寺がある。もともとは成田山から勧請した不動尊で人気のある寺だが、参道の入口に東光寺のものより一年古い寛文元（一六六一）年の庚申塔が立つ。邪鬼と四夜叉は見られないが青面金剛が彫られたものとしては都内最古である。

　残念ながら手前に賽銭箱が置いてあるため下部がよく見えない上、屋根付きの柵で囲まれているので、全体像を確認できない。

●いたばし観光センター：旧街道を進むと右側に少し入ったところに観光センターが見える。読者諸氏には立ち寄られることをお勧めする（無料）。ここには東光寺庚申塔の精密なレプリカや以下順次述べる加賀藩下屋敷の見取り図、板橋宿、石神井川に架かる板橋、縁切り榎のかつての写真や焼け残った株などが展示されており、旧道散策をより楽しむためのアイテムが多い。

もちろん観光案内地図も用意されている。ただし基本的に祝日を除く火曜日は休館なので注意されたい。

●加賀藩下屋敷の築山：旧街道を北西方向に進むと旧中山道仲宿交差点に出る。また寄り道をして交差点を右に折れる王子新道を八百メートルほど行くと石神井川に出る。そこに金沢橋が架かる。左は加賀公園である。ちなみに東光寺の前をそのまま進んでもここに出る。この一帯は加賀藩の下屋敷であった。明治から終戦までは板橋火薬製造所となっていた時期もあったが、加賀一、二丁目の地名が残る。

甲州街道の項で述べた「内藤氏の身分不相応な庭園」は約七万坪であった。こちらは段階を踏んではいるものの最終的には、なんとその三倍以上の二十一万七千坪である。林泉、山林、田畑まである大庭園であった。池のほとりにはこんもりとした築山があった。今はこの築山だけが残っている。それが加賀公園である。

●遍照寺の馬頭観音：旧街道に戻り少し進むとやはり右手に遍照寺の参道がある…が、よほど注意しないと気付かないだろう。大変失礼だが人通りのない路地にしか見えない。

しかしかつてこの寺の境内は馬繋《つな》ぎ場だったというから、現代のパーキングエリアだったわけだ。はるかに広かったのだろう。残念ながら今はその面影もないが、雑然と置かれた数基の馬頭観音塔や庚申塔を見て当時を偲ぶしかない。中でも寛政十（一七九八）年造立の馬頭観音像は非常に個性的で筆者のお気に入りである。このような表現は顰蹙《ひんしゅく》を買いそうだが、頭上の馬の顔も含めて超カワイイ。

●乗蓮寺の消えた相生杉と夫婦松：遍照寺と旧街道を挟んだ反対側には乗蓮寺があったが、国道17号線の拡張工事のため、赤塚五丁目に移転している。『江戸名所図会・巻之四・乗蓮寺』には板橋宿の賑わいと境内の様子を描いた図がある。相生《あいおい》杉は寺の後園にあるらしいが絵からは特定できない。夫婦松は堂前にあるというからわかる。

いずれにせよ縁結びと夫婦和合、天下太平を寿《ことほ》ぐ木々だったに違いない。遍照寺は平安末期より豊島郡を支配していた豊島氏の末裔・板橋氏に縁のある寺院だった。赤塚に移ってからは巨大な「東京大仏」で知られるが境内には他にも「がまんの鬼」や「奪衣婆」

←馬頭観音像　↑遍照寺の参道　↑石神井川から見た加賀屋敷の築山

↑板橋宿（仲宿）周辺

↑板橋宿（平尾）周辺

『江戸名所図会・巻之四・乗蓮寺 板橋驛』

→子の権現像と　↑奉納された小槌
←遊郭・大盛川楼主人と家族の墓（左端）の敷地内に立つ飯盛女（遊女）の墓。「遊女の墓」と彫られた石碑に並んでひっそりと立つ二基の墓石がそれである。当時としては奇特な主である

など興味深い石仏が多い。

また、仲宿で建立された「天保飢饉の供養塔」も赤塚に移っている。天保四～七（一八三三～三六）年に全国的な天候不順や天候不順による凶作、疫病の流行により、多くの餓死者や行き倒れが出た。天保八年、四宿の一つとして、板橋でも救助小屋を出しその救済に務めたが亡くなる者は後を絶たず、結局この年の八カ月間だけでも宿内には四百二十三人の死者が出て乗蓮寺に埋葬された。そのときの供養塔である。

●飯盛女の墓と「子《ね》の権現」：板橋宿本陣跡の先を右に入ると文殊院がある。大きくはないが落ち着いた山門だ。脇には地蔵堂。山門を入って左に閻魔堂（乗蓮寺の像とともに二大閻魔といわれた）、右に子の権現堂がある。

子の権現とは平安初期に実在した聖《ひじり》だったという。修行中に悪鬼（蛮人）が放った火によって下半身に大火傷を負い長い年月、起居に不自由な身となったが、一心に修行教化を続けるうちに神仏の加護を得てついに全快したという。これを見た悪鬼も前非を悔い共に子の山（経ケ峰）を開きその地（埼玉県飯能市の天龍寺）に滅した。このとき「我、腰より下の病に悩む者を廣く救済せん」と遺言した。

以来腰より下の病の平癒を願う人は奉納された小槌を借受して病の箇所を静かに叩き、成就の後に小槌を倍にして返す習慣になっている。

文殊院がいつの時代にこの地に勧請されたのかは不明だが、板橋では主に宿の車夫連中が足腰が強くなるよう奉納したといわれる。また、足腰の悪い人ばかりでなく下半身にさまざまな悩みを抱える飯盛女たちからの信仰も篤かったのではないかと思われる。

→『江戸名所図会・巻之四・板橋驛』上宿の様子
↑現在の板橋

文殊院の墓地には、その飯盛女たちの墓がある。それは遊女の墓と彫られた新しそうな石碑のある一角に残る。正面の大きな墓石は平尾宿の遊郭・大盛川楼の主人と家族の墓石で、その脇にひっそりと立っている小さな墓石が彼女らのものだ。主人の墓の側面には「永代祠堂料 十両」と刻字されている。

板の橋が地名になった？

地図P.123

旧道は石神井川が削った谷に下り始める。深い。その石神井川に架かる橋が「板橋」である。日本橋から二里二十五町三十三間（一〇・六四一キロメートル）、現在はコンクリート製だが名前は板橋のままだ。

一般には地名の発祥となったといわれているが、板の橋はここだけに限らないので、果たして中山道の橋がそれだという確証はないのだという。しかし多くの歴史上の著名人物が渡ったことに関してはこの橋が突出している。

治承四（一一八〇）年には源氏の旗揚げのため源頼朝。同年に義経も渡っている。慶長十一～享保三（一六〇六～一七一八）年にかけては徳川秀忠、家康、家光、吉宗が鷹狩りのため。参勤交代では加賀藩主前田家をはじめとする三十の大名。享保十八（一七三三）年には富士山烏帽子岩での入定《にゅうじょう》（入滅）を決意した冨士講の行者・食行身禄《じきぎょうみろく》（後述）。文久元（一八六一）年には徳川家茂に降嫁する皇女・和宮《かずのみや》（孝明天皇妹）。慶応四（一八六八）年には倒幕の東山道軍総督・岩倉具定。年号の変わった明治元（一八六八）年には大宮氷川神社親拝のため明治天皇。同年には西郷隆盛が遊休のため当地を訪れている。学者、文人、高僧を挙げれば枚挙にいとまがない。

→縁切榎の下を自転車で颯爽と通り抜ける女子学生は、まだ結婚を考える年頃ではないのだろう
↑縁切りの祈願がびっしり掛けられた絵馬掛け。奥は榎がご神体の大六天社
←いたばし観光センターにある初代榎

江戸時代の板橋は長さ九間（十六・二メートル）幅三間（五・四メートル）の太鼓橋だった。現在のものは昭和四十七（一九七二）年に架けられた。昔は川の流れが変わることもあったようだ。本来、上宿と中宿はこの橋を境にしていたのだが現在の上宿脇本陣跡は橋の手前・南側の中宿側にある。近くには大木戸と高札場があったという。

縁切榎《えんきりえのき》

地図
P.123

板橋宿で最も有名で人気のあるものはこの榎かもしれない。以前は旧道を挟んだ反対側に生えていた。もとは榎と欅《けやき》（槻《つき》）が同じところから生え、あたかも一株の樹のように育っていたらしい。またはもともと欅であるとか、榎のほうは枯れたが欅のみ生き残ったなどの説もあってややこしい。

現在のものは三代目と四代目で正真正銘の榎である。もともとは老木の洞《うろ》（幹が朽ちてできた空隙）に祀ってある第六天の神木だった。

本来榎は縁の木に通じることから縁結びの木とされる。それがなぜ縁切りになったかというと、これにもいろいろな説がある。

・エノキが「縁退《えんの》き」
・榎と槻で「縁の尽《つ》き」
・木の前の坂を俗に岩の坂とよんだのでそこにある榎と槻を合わせて「榎木槻木《つきのき》岩の坂」という語呂が生まれ、それが「縁尽《えんつ》き嫌《いや》の坂」となった

等々、合体型の凝った説もある。

はじめは飯盛女が馴染《なじ》み客との良縁または馴染まぬ客との縁切りの両方を祈願したらしいが、いつの間にか縁切りのほうに霊験が突出してしまった。ついには、この樹皮を剥いでその煮汁を別れたい相手に密かに飲ませると必

↑今でも削れるよう境内には初代榎を塗り込めた碑があるが少々不気味だ

↑『江戸東京風俗野史』に描かれた昭和初期の縁切榎と第六天祠

ず験《しるし》があると信じられるようになる。
「やかぬはず女房榎を呑ませる気」
「板橋へ三下り半の礼詣り」
などという具合である。

そうなると、これから結婚する者は忌み嫌って木の下を通らなくなる。嫁入りや婿入りの行列はこの道を避け、わざわざ遠回りをした。

前述、和宮の輿入れの時はこの木が婚礼の行列から全く見えないように根元から葉先に至るまで菰《こも》を被せたという有名な話が実話として残る。

ちなみに遠回りをしたという説もあるが、それはこれより五十数年以前、文化六（一八〇九）年に十二代将軍家《いえ》慶《よし》に降嫁した有栖川宮《ありすがわのみや》親王家の第六皇女楽宮《さざのみや》のことであろう。

その後、明治二十三年頃にこの神木は火事で焼けた。周囲がホッとしたのもつかの間、おせっかい焼きが二代目となる芽出しを植えたのだという。

ところが昭和四十年頃に土地開発に伴う所有権争いが勃発。あっさりと伐られた。しかしそれではせっかく民間に続いた信仰が絶えてしまうということで、昭和四十四（一九六九）年、現在の場所に三代目を植えたというわけだ。縁切りなどという嫌われ者は無いほうがよいという話も何度か出たが、結局今でも存在している。つまり、それだけ世の中には縁絶ちの願掛けをする人が多いのである。

じっさいにこの場に来てみると掛けられた絵馬や結び文の多さには愕然とする。地元では「悪縁を絶ち良縁を結ぶ」「病気や貧困との縁切り」など、プラス思考への転換を狙っているようだが現実の祈念は「対人関係の悩み解消」「絶縁願望」が圧倒的である。しかし筆者は榎に「現状打破」を祈った。

●榎と食行身禄《じきぎょうみろく》：ところで縁切榎に関するひとつの悲話がある。江戸時代の新興宗教である富士信仰を広めた食行身禄（角行を祖とすると六代目といわれる。本名は伊藤伊兵衛）は享保十八（一七三三）年、富士山七合目の烏帽《えぼ》子《し》岩で入定《にゅうじょう》する前に、まず妻子との情愛を断ち切るため板橋宿で二十一日の願を掛けた。入定とは穴の中などで断食し、死によって修行を完結させ自ら神となる行為のことである。

富士へ赴《おもむ》く別れの際《きわ》、身禄は後を振り向きもせず馬を急がせた。必死に追いすがる妻子や門人もさすがに置き去られようかというとき、身禄は件《くだん》の榎の枝に笠を引っかけてしまう。それを外そうと時間を取られ、思わず後ろを振り返った。

天がこの別れを惜しみ、わずかな時間とはいえ彼の姿をそこに留まらせたのだと『食行身禄御由緒伝記／中雁丸豊宗』は伝えている。その後、身禄は三十一日間の断食をして入定を果たす。その結果、富士信仰は大いに知られるところとなり各地の富士講によって多くの富士塚が築かれた。

以上の話からこの榎が別離の木となったといわれるが、身禄が妻子との情愛を断ち切るために祈った対象は縁切榎でも第六天でもなく当時の板橋内の何処かに鎮座していた別の神仏（佐《さ》須《す》良《ら》媛命《ひめのみこと》＝祓い清めの神）といわれる。むしろこの話での榎は別れを長引かせる役回りを務めている。

第六天とは

地図 P.123

ところで、ここで第六天という神仏について筆者の考えを述べておこう。じつは後に述べる日光・奥州道中でも登場する神仏なのである。第六天とは

→杉並区高井戸の第六天神社は甲州街道高井戸宿の氏神であった。江戸時代の第六天神社は明治以降に社名を変えている可能性もあるが、意外と多い。その一例で古くは台東区森田町にあったという第六天神社は享保4（1719）年に台東区柳橋１丁目に移り、現在は蔵前１丁目にある。やはり明治はじめに榊神社と改名した（後述）

↑板橋宿より800m程南にある池袋本町３丁目の氷川神社には富士塚があり、食行身禄（または角行）と思われる像やミニチュアの烏帽子岩などがある

一般に長寿と結婚、子授けの神とされるから縁切りとはむしろ正反対の性格を持つ。関東中部地方に多く見かけ「大六天」「第六天魔王」ともよばれる。

神道では神代七代の六代目にあたる面足《おもだる》之命《みこと》と惶根《かしこね》之命の夫婦神にあたるとしている。ちなみに七代目が伊弉諾《いざなぎ》之命と伊弉冉《いざなみ》之命である。しかし、これは明治時代の邪教廃止の流れに抗するための付会、こじつけだろう。そもそも第六天の本源となる本社、総社は筆者の知る限りでは見当たらない。

一方、仏教的解釈では第六天とは欲界六天の最高所のことで、ここには魔王の総帥が住む。この天魔は強大な魔力を持ち、男女に対して自由に交淫・受胎させることができる神とされる。さらに他人の楽しみ、幸せ、財産などを取り上げて我がものとし、またそれを第三者に与える通力を持つ。天魔の寿命は一万六千歳といわれる。

つまり長寿・結婚の守護神とされる所以《ゆえん》はこちらの解釈からきているといわざるをえない。創作だが戸隠の鬼女紅葉も、子の無い夫婦が第六天に祈願して授かった女子だった。したがって美しい少女が後に鬼女となるのは天魔の血が流れていたからなのである。

大黒天や鬼子母神、荼枳尼天《だきにてん》のように魔界の神（夜叉《やしゃ》）が福神に変じて信仰される例は珍しくない。宮城県や茨城県に第六天山、東京都文京区には第六天町（現、春日二丁目）などがあることをみても、民間に広く信仰され大変人気のある神だったことがわかる。

●長寿・結婚のご利益はどこへ？：問題は、そのような結婚の守護神の一面、というかご利益の行方である。おそらく当初は縁結びと子授けは第六天に、縁切りは前述の理由から神木の榎に祈念していたのだろう。つまりここには縁結びと縁切りの相反するご利益が共存していたのである。

ところがそのうち他人の富や幸福を妬み、横取りしたいと願う者が出てくる。中には他人の妻や妻子ある男を離縁させ、我がものにしたいと願う不埒者もいたはずだ。なにしろ天魔は人の幸せを奪い、それを第三者に与える力を持つ神である。つまり第六天はもともと縁結びと縁切り双方のご利益を持つ神だったのである。そのような過程を経て縁切りの御利益が徐々に強まってきたのではないだろうか。

さらに筆者は縁切り信仰のみが決定的に突出したのは五十宮《いそのみや》の降嫁からではないかと考える。彼女は楽宮《さざのみや》の六十年前、和宮より百十年前となる寛延二（一七四九）年、十代将軍家治《いえはる》に降嫁した皇女（閑院宮《かんいんのみや》親王家の第六女）

である。その時の行列は堂々と榎の下を通って江戸城に入った。ところが婚礼後に誕生した二人の娘は二歳と十三歳で次々に夭折《ようせつ》、彼女自身も三十四歳という若さで亡くなった。

巷《ちまた》レベルの話では、どうにも長寿・結婚という表向きのご利益は分が悪い。負のご利益である縁切りの圧倒的優勢勝ちとなったのではないだろうか。現在ではなんと脇役だった初代榎が主客《しゅかく》顛倒《てんとう》して社殿のご神体に収まっている。

木下藤吉郎の出世稲荷

地図 P.123

縁切榎から中山道旧道をさらに二百メートル程下ると環七通りの中山道陸橋にぶつかる。このあたりまでが板橋宿（上宿）だった。旧道はさらにその先を五百メートルあまり続き、現中山道（国道17号線）に合流する。

ところで多少道を戻ることになるが、出世稲荷をご紹介しておこう。縁切榎と国道17号線を挟んだ反対側に智清寺がある。この寺の一角に「木下藤吉郎出世稲荷大明神」が鎮座する。

新しそうだが立派な石祠で、彫り物も筆者の好みだ。木下藤吉郎がこの稲荷を崇拝して出世したというが、まさかこの地に彼が訪れたとは考えられないから勧請の詳細など、詳しい由来やは不明。ご住職に伺っても「さあ」と迷惑そうな返事が返ってきただけ。

しかし天下を取ってからの秀吉は、娘に狐が取り憑いたと伏見稲荷を脅迫しているほどだから、どちらが偉いのかわからない。この際、稲荷神に祈念するより藤吉郎大明神を拝んだほうが早いかもしれない。

↑旧街道と現街道の合流地点。中山道はこの先、新河岸川を渡り、舟渡で荒川を渡り戸田から蕨宿へと向かう

→智清寺・木下藤吉郎出世稲荷。サラリーマンなどから人気があるが由緒は不明

↑上宿で見かけた畳店。「手作りゴザ」1枚1000円〜、他にも「花ビンシキ」「小銭入レ」「カード入レ」などが300円〜1000円。老夫婦の企業努力に拍手

上板橋宿・戸田の渡し

川越街道の旧道と上板橋宿

地図
P.138

　川越街道は平尾追分で中山道と別れ川越、松山を経由して熊谷宿で再び中山道に合流する。全長十里（約四十キロメートル）程しかないが中山道の脇往還として整備された。しかし川越は室町・戦国時代から政治・軍事上の拠点だったから太田道灌や小田原北条氏にとっては重要な幹線道路であった。

　日本橋から最初の宿は上板橋宿で平尾追分からさらに半里（約二キロメートル）程先にある。ここを利用した大名は川越藩主のみだが、人馬や物資のみならず公的業務での往来は盛んだったようだ。それゆえわざわざ板橋宿とは別に宿を作ったのだろう。

●旧道の商店街と上板橋宿：現在の川越街道は池袋六又陸橋が出発点で中山道の南を走り両街道が交わることは無い。しかし川越街道の旧道に入るには中山道平尾追分から四ツ又通に入る。そこはすでに川越街道の旧道だが高速の下で、ずいぶん広くて整備されている。二百メートル程で山手通りにぶつかり、大山東町の信号を渡ってほぼ正面に見える細い商店街に入る。「遊《ゆう》座《ざ》大山商店街」だ。ここまでの車道が広いので狭く見える。賑やかだが旧道の雰囲気が残っていて心が安らぐ。

　ほぼ直線に五百メートルほど西方面に進むと東武東上線大山駅に出る。道はそのまま続くが駅を境に商店街の名は「ハッピーロード大山」となる。

　こちらも活気がある。昔からこの商店街は地元の人たちからハッピーロー

↑四ツ又通の中央は遊歩道になっており、これが旧川越街道だという
←山手通を挟んだ正面に見える商店街が遊座大山商店街への入口。これが旧川越街道でもある

↑下頭橋通の道路標識
→下頭橋通へはハッピーロードから200メートルほど。左は現川越街道

↑現川越街道に面したハッピーロードの出入り口

ドとよばれていたという。電動開閉式のアーケードだそうだが動いているところを見たことはない。

大繁華街・池袋への対抗策が功を奏し、両商店街とも地元の人々に親しまれているようだ。さらにそのまま五百メートル程進むと一旦、現・川越街道へ出るが、旧道はまだ続く。

●上板橋宿：道なりに現川越街道の歩道を二百メートル程北西方向に進むと日大病院入口の五叉路に出る。斜め右に入る道が旧道の下頭橋通《げとうばしどおり》である。今までの商店街に比べるとぐっと静かになるが、あちこち歩き慣れると不思議に旧道の雰囲気がわかってくる。

上板橋宿は文政期（一八一八〜二九）には九十戸が軒を並べていたそうで江戸側から下宿・中宿・上宿に分かれていた。中宿には本陣と問屋場機能を兼ねた名主屋敷があったという。ただ、こちらは板橋宿のように史跡に関する標柱やパネルはない。唯一、中宿に相当する地域の豊敬稲荷神社に上板橋宿概念図があった。やがて旧道は石神井川に架かる下頭橋に出る。

●下頭橋《げとうばし》の由来：通り名にもなっている下頭橋は丸太橋だったため増水のたびに流され水難事故も頻発していた。そこで近隣の村々の協力を得、寛政十（一七九八）年に石橋に架け替えられた。その時の記念碑が橋のたもとに立つ「他力善根供養」碑である。

ところで、この奇妙な橋の名にはいくつかの由来が伝えられている。

・旅僧がこの地に突き刺した榎の杖がやがて芽を吹いたが、これが逆榎《さかさえのき》として大木に成長した。

・川越城主・松平大和守が参勤交代で出府の際、江戸詰めの家臣たちがここまで出迎え、頭を下げていた。

↑下頭橋の欄干。石神井川に架かる橋だから小さな橋である
←頭橋六蔵菩薩之塔

↑下頭六蔵菩薩の境内。正面に六蔵祠（博愛の額編）、その左横に地蔵の銅像が立つ
→他力根善供養の碑。凡字は「バン」で大日如来を表わす

・丸木橋のたもとに六蔵という乞食が住み着き、毎日頭を下げて旅人から喜捨を受けていた。彼はその金を貯めて死んだ。村人たちはその金で石橋を架け下頭橋と名付けた。

高僧や貴人の使った箸や杖がそのまま大木に成長する奇跡談は全国にある。木が逆《さかさ》のまま芽吹くという例は珍しいが、これは橋名が先で、それに付会した話だろう。家臣が橋で藩主を恭《うやうや》しく迎えたことは十分ありうる。その様子を庶民が醒めた目で見ていたのか。

六蔵の伝説は良い話だが、この時代に非人身分の乞食が橋を架けるだけの大金を貯め込んだとは考えにくい。

しかし、この六蔵の話が最も有名で人気もある。心優しい下女が大日如来の化身として信仰されるようになった於竹如来の例もある。大衆はこのような美談を望んでいたのだろう。

現在「他力善根供養《たりきぜんこんくよう》」の碑がある場所には六蔵の徳を讃えた「下頭六蔵《げとうろくぞう》菩薩之塔」と「六蔵祠」が建てられており、昭和六十一（一九八六）年には橋と共に板橋区の史跡（板橋区登録記念物）に認定されている。ひねくれた見方をすれば、伝説の人気者を官民共々で菩薩にまで祀り上げてしまったのだ。

境内には地蔵菩薩の銅像もあり、その前に厚紙とガムテープで口を塞がれた賽銭箱が置いてある。そこには「賽銭ドロボーが毎日来ています。ここには賽銭を入れないで下さい。六蔵保存会」と書いた紙が貼ってあった。つまり賽銭はもっと頑丈な境内正面の六蔵祠の賽銭箱のほうに、ということか。

事情はもっともだが、ちょっと興醒めでもある。この賽銭を巡る哀しい攻防の事態を乞食だった六蔵（現・下頭六蔵菩薩）はどう見ているだろうか。

→上板橋宿

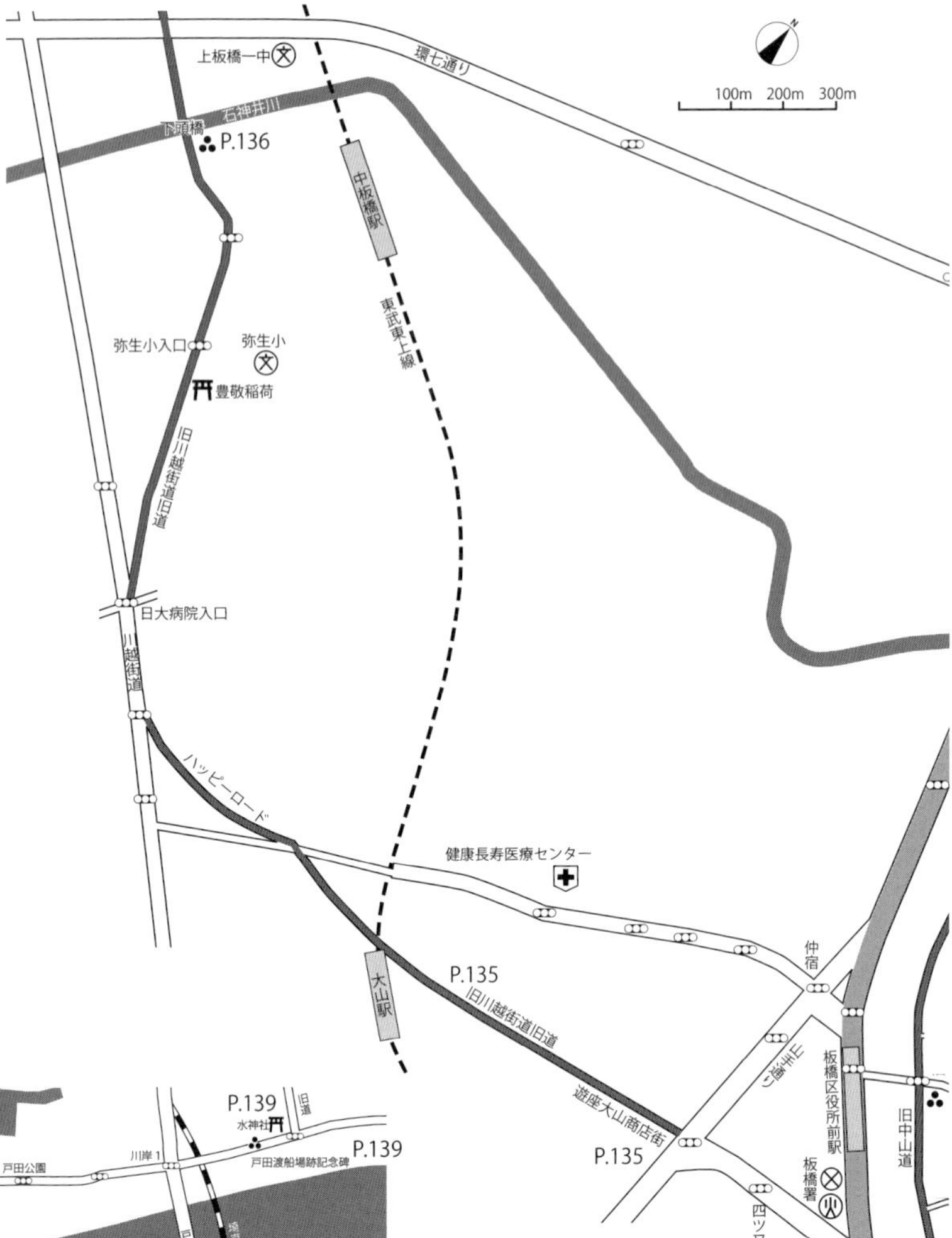
環七通り
上板橋一中
石神井川
下頭橋
P.136
中板橋駅
東武東上線
弥生小入口
弥生小
豊敬稲荷
旧川越街道旧道
日大病院入口
川越街道
ハッピーロード
健康長寿医療センター
仲宿
大山駅
P.135
旧川越街道旧道
遊座大山商店街
P.135
板橋区役所前駅
旧中山道
板橋署
四ツ又交差点
板橋2
100m 200m 300m

↓戸田の渡し

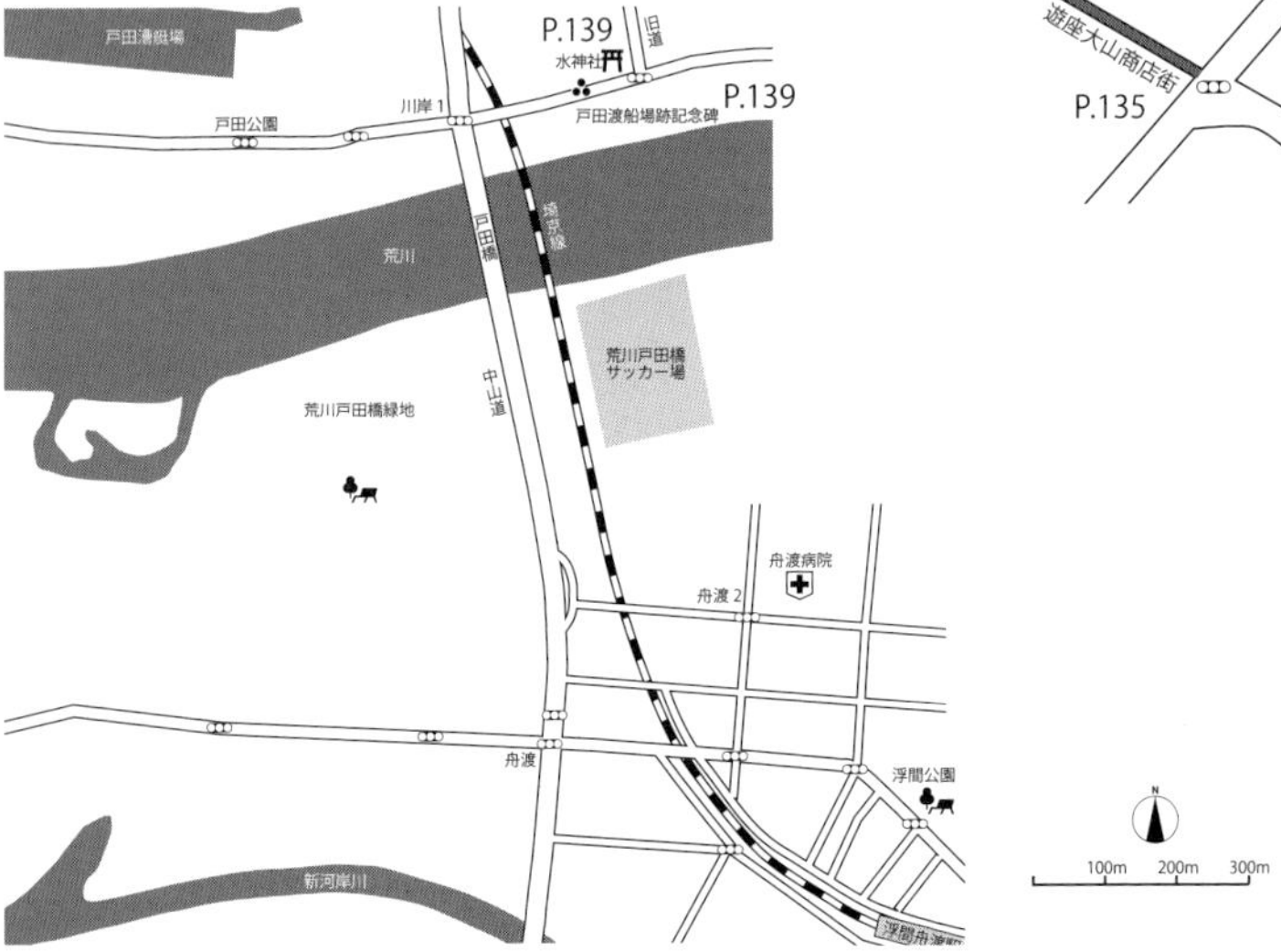
戸田漕艇場
P.139
旧道
水神社
P.139
川岸1
戸田公園
戸田渡船場跡記念碑
荒川
戸田橋
埼京線
荒川戸田橋サッカー場
中山道
荒川戸田橋緑地
舟渡病院
舟渡2
舟渡
浮間公園
新河岸川
100m 200m 300m

↑英泉画『木曽街道蕨之駅 戸田川渡場』

戸田の渡し

地図 P.138

東京・江戸における中山道の最終的な境界線は荒川の戸田の渡しになろう。江戸防衛のため、ここには明治八（一八七五）年まで橋は架けられなかった。したがって人や物資の運搬は舟である。渡しは天正年中（一五七三〜九一）にはすでにあったという。渡舟場の管理は現・埼玉県戸田市側の下戸田村が行なっていた。

天保十三（一八四二）年の舟数は十三艘。船頭八人、人足三十一人、家は四十六戸、人口二百二十六人という。水運の拠点で五軒の河岸問屋もあったというからずいぶん賑わったのだろう。ただし大雨になるとこの辺りの川幅は千メートルにもなり（現在の戸田橋は約五百メートル）、志村あたりまで水域が広がったという。だから川止めが続くようだと三里以上下流の千住大橋を利用しなければならなかったという。

現在、埼玉県側の土手を大規模に改修中で、その端に「戸田渡船場跡記念碑」が立つが周囲には何もなく、何とも情けない。文字が消えそうな解説板に書かれている内容はほぼ上記の通りである。史跡を大切にした一画に仕上げていただければありがたい。少なくとも地名負けしないようにしていただきたいものだ。埼玉県側は川岸《かわぎし》、板橋区側は舟渡《ふなど》という地名である。

戸田渡船場跡記念碑のすぐ裏には水《すい》神社《じんしゃ》がある。かつてはその年に収穫した初穂ならぬ初胡瓜《キュウリ》を供え、それを川に流してからでないと泳ぐことができなかったという。渡船場の水神は河童大王だったのだ。

旧道も多少残っているが住宅街に埋没しており、見るべきものはない。

↑『江戸名所図会・巻之四・戸田川渡口 羽黒権現宮』羽黒権現宮は現在の上戸田氷川神社のことで、かつては木のウロから湧き出す霊泉に験があるということで賑わったという。絵を見ると当時は渡し場の前がすぐ参道だったように見える。今はわずかに羽黒橋の名が残るが、特に神社に向かっているわけでもない。氷川神社となった今、江戸名所図会に描かれた面影は無いが、境内には今でも羽黒大権現の碑が立つ

↑江戸名所図会に近いイメージで戸田橋よりかろうじて見える富士山

第五章 日光・奥州街道の年輪を探る

日光道中・奥州道中上の境界線

最初の境界線
伝馬町牢屋敷と浅草橋

賤民が追いやられた地
鳥越刑場から聖所へ

江戸文化の逆噴出口
悪所と江戸六地蔵

死と生の混濁地帯
小塚原刑場と千住宿

江戸の果て
荒川と毛長川

日光街道、奥州街道は宇都宮まで同じ道筋だ。江戸との境に刑場と賤民の部落が置かれ、それが都市の拡大につれて郊外へと移動していくパターンは東海道によく似ている。

しかしこの街道の顕著な特徴は世俗的な信仰、文化、享楽の発信地が連なっていたことだろう。すなわち浅草寺、猿若町、新吉原、千住宿である。

他の街道と同じように江戸六地蔵が置かれ宿場町があるのだが、特に鳥越から千住大橋を渡りきるまでの区間からは、生・聖・性・楽・悪・賤・死などを混濁させた江戸文化のエネルギーが、街道＝隅田川に沿って口を開けた亀裂から噴出し続け、その残り香が今でも漂っているように感じる。

しかしそれも現代文明の象徴・スカイツリーに吸い上げられ、やがては雲散霧消してしまうのだろうか。

江戸の聖域と賤域

五街道のうち日光街道と奥州街道は日本橋から宇都宮まで同じ道筋をたどる。その先、日光街道は下野国《しもつけのくに》(栃木県)日光まで、奥州街道は陸奥国《むつのくに》白川（福島県白河市）へと至る。

江戸を出る人は日本橋〜浅草〜小塚原〜千住宿までの道中に聖地と悪所を辿る。この道はまさに隅田川を遡《さかのぼ》るように遊女が新吉原や千住宿へ、役者が猿若町へ、被差別民（穢多《えた》・非人）が鳥越経由で新町《しんちょう》（今戸）へと追い込まれた道であり、罪人が府内から泪《なみだ》橋を越えて小塚原《こづかっぱら》の刑場へと追い立てられた道でもあった。

これは東海道が江戸湾に沿って大木戸を抜け、品川宿を抜け涙橋を渡って鈴ケ森に向かう様子と酷似している。

しかし筆者には日光・奥州街道のほうが悪文化の残り香《が》が、より強く漂っているように感じられる。それは海と川、つまり江戸湾と隅田川の違いだけではない。最近まで山谷《さんや》とよばれていたスラム街…吉野通りを挟んだ東浅草や清川あたりで昼前から酒をあおり所在なげにたむろする老人たちの倦怠感や、江戸時代から相も変わらず客を引き続ける新吉原や敗戦後の赤線地帯、現在のセックス産業密集区域に依存しながら生きる人々のせいかもしれない。

その日光・奥州道中は江戸通り〜吉野通り〜コツ通りと進み、現在の日光街道と合流して千住大橋を渡る。橋の周辺はすでに千住宿である。四宿の中では一番長い街並だった。大橋を渡ると旧道が続く。

↑笑えるが、なぜか郷愁を誘う吉原「モンロー」の壊れた看板

↑浅草橋から見た神田川

日本橋から浅草橋へ

地図P.143

まず日本橋から中央通りを五百メートル程北東に進むと江戸通りと交差する。江戸通りを北東方向に進み、小伝馬町→大伝馬町→鞍掛橋→馬喰町を過ぎると浅草橋に至る。

この馬に関係ある地名は、かつて当地の名主が物資を輸送する伝馬役をしていたことや、近辺に馬乗り場（初音の馬場）があり、馬を売買・斡旋する博労《ばくろう》の頭《かしら》が一帯を管理していたためだ。

その馬喰町二丁目のはずれ、浅草橋の南詰あたりが浅草見附（浅草御門）だった。じつはここまでの旧道の道筋は現在とは多少ずれているということだが詳細はわからない。いずれにせよ浅草見附で道は合流するという。

●大伝馬町にお竹大日如来出現：江戸通りの右（南側）大伝馬町には江戸初期に突然出現して生きながら流行《はやり》神となったお竹についての、ごく地味な史跡「於竹大日如来井戸跡」がある。

『武江年表・寛永年間記事』は「寛永の頃、（日本橋）大伝馬町の豪家、佐久間某（佐久間勘解由《かげゆ》。名主・佐久間前善八。馬込家などの説あり）が家の婢女たけといふもの、仁慈の志厚く、朝夕の飯米菜蔬、我が食ふべき物を乞食に施し、其の身は主家の残れると、又は流し隅に網を釣りてたまりし物を食し、常に称名《しょうみょう》（念仏）怠る事なし。しかるに武州比企郡に住める何がし行者（羽黒行者・乗蓮）、湯殿山へ参詣し、生身の大日如来を拝せん事を願ひしに、わが形容を看《み》んとならば、江戸に趣きて、佐久間某が婢女たけを拝すべしといふ、霊夢の告げを蒙り、彼の家にいたり、竹女を拝す。其の後竹女は念仏三昧にして大往生を遂げたりと

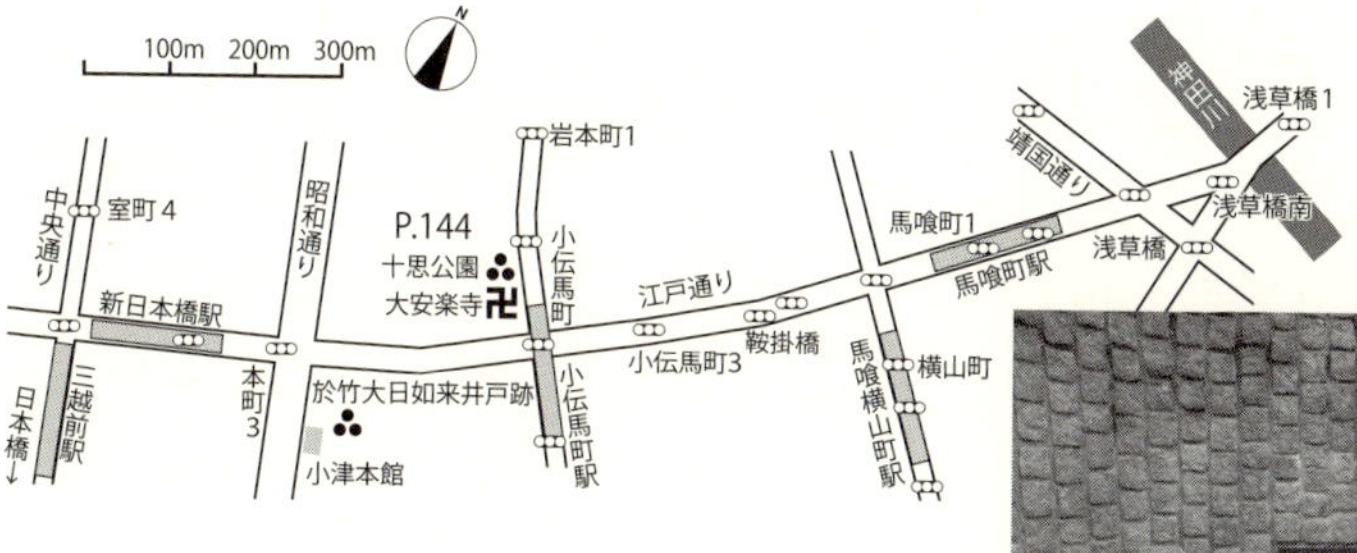

→於竹大日如来の井戸跡

いふ。其の後佐久間の親ぞく馬込某より、大日如来の像を造らしめて、湯殿山黄金堂に納む。これを世にお竹大日如来と云ふ」。このようにお竹は誠に大日如来の再生と信じられたほどの善女だった。

　このお竹が愛用し、その前に貧困者が列をなしたという「於竹大日如来井戸跡」は小津和紙の本館ビル（日本橋本町三丁目）の一画にあるのだ。

　また、『江戸名所図会・巻之一・心光院』には「かの竹女がつねに網をあて置きし水盤（流し板）は、いま、増上寺念仏堂心光院の門の天井に掛けてありとみゆ。件《くだん》の水盤より光明を放ちたりしことは、当寺の縁起の中に詳《つまび》らかなり」とあり、水盤まで光り輝くとは、いかに彼女のただならぬ功徳・霊力の強さが庶民の間で語られたかをうかがわせるものだ。心光院は港区芝公園一丁目にある。また、お竹の墓は浅草から北区赤羽西六丁目に移った善徳寺にある。

●小伝馬町牢屋敷の実態：江戸通りの左（北側）小伝馬町には牢屋敷の跡がある。ひとつの社会制度が形成される時、まず造られるのが牢獄だ。日本では五世紀末頃、顕宗《けんぞう》天皇の時代に初めて造られたといわれている。江戸時代の江戸の牢獄は日本橋小伝馬町の十思《じっし》公園一帯にあった。安政の大獄に座した長州藩士・吉田松陰はここに投獄されている。

　それ以前の天正年間（一五七三～九一）には常盤橋外にあったというから日銀本店や三越の周辺にあたると思われるが慶長年間（一五九六～一六一五）に伝馬町に移っている。その後、拡張されて獄舎の敷地はおよそ二千六百坪（うち四百八十坪が典獄・

↑『江戸名所図会・巻之一・竹女故事』
←江戸通り。左が小伝馬町、右が大伝馬町

石出帯刀《いしでたてわき》の役宅）ほどになったというから十思公園よりよほど広い。

周辺は土手と堀で隔離されていた。南西側に表門、北東側に死体を運び出す不浄門があった。以降、明治八（一八七五）年に市ヶ谷谷町に監獄が新築されるまで存在した。

受牢生活にも身分による格差があり、五百石以下の大名・旗本は揚《あげ》座敷、その家来、僧、医師などは揚屋、町人は町人牢（大牢）に入れられた。後に町人牢は東牢と無宿者専用の西牢に分けられ、幕末には、百姓専用の百姓牢が作られる。ほかに穢多非人は二間牢、遠島の舟を待つ囚人は遠島牢に入れられた。女性は身分に関係なく揚屋の女牢に入れられる。他に拷問倉などもあった。

主として庶民の入る牢房には牢役人が指名する牢名主が頂点に立つ厳格な制度が存在し、牢役人ですら手の出せない完全自治制が敷かれていた。時代劇などで見る通りである。牢名主は他の囚人の生命までも握る絶対的な権限を持ち、頭役、本役から便所や食器の担当など多くの役付き囚人を従え、対して無役の囚人は牢内で身体を伸ばす権利すら与えられなかった。畳一枚に十八人まで寝たという話もある。交互に重なり合って寝るのだ。

牢内での私刑も公然で、定員のない牢に囚人が溢れると人減らしのための殺人（作造り）もしばしば行なわれた。まず犠牲になる者は牢内の掟を破る者、鼾のうるさい者、牢名主への差し入れのない者（入牢の際や牢外から）、嫌われ者などであった。暗殺後はほとんど病死ということで闇から闇へ葬られたから平《ひら》囚人たちは生きた心地もしなかっただろう。

↑伝馬町牢の井戸跡に置かれた牢の石垣の一部

→大安楽寺境内の牢御塚跡に建立された供養塔と延命地蔵尊

処刑される前に牢内で殺された囚人の数は計り知れない。『百箇条調書』という記録にはぴんぴんしていた若い囚人が入牢した数日後に病死するという記録が随所に見られるという。たとえば天明六（一七八六）年に捕らえられた贋金つくりの一味六人のうち生きて処刑されたのはわずか一名であった。

だから受牢が決まった囚人はどのような手を使ってでも牢に金を持ち込む。しかし身体検査を大目に見てもらうには賄賂しかない。役人に黙認してもらい、牢内に持ち込まれた金（ツル銭）は牢名主の手に渡る。金が牢房内で直接使われることはないが、検死をする医師や、牢生活上の便宜をはかるため、張り番などの下っ端役人らに渡すのである。役人は賄賂と牢名主からの金を二重にもらうことになる。結局、給金の何倍にもなったそうだ。

幕末には牢内での賄賂は半ば公然となり、頼まれれば牢内に禁制品を差し入れたり、囚人の家庭に押し掛けて金品をねだる役人までいたという。極悪人や不正役人が権力を握っているわけだから、まさに「地獄の沙汰も金次第」を地で行く世界だった。

●初代牢名主：ところで初めにこの牢内制度を作った人物は、後に侠客の元祖といわれた大鳥逸平である。斬り捨て御免がまかり通る武家の横暴に憤《いきどお》って世直しをはかり、捕らえられて入牢したところ、牢内にまで矛盾が蔓延《はびこ》っていることに驚いた。正義感の塊みたいな男だから、これにも大いに義憤を感じて自ら掟を作り牢名主となった。

それまでは牢内の食事などは強い者が二人分を食い、弱い者は何日もありつけないというさまだった。それを見かねた逸平は、挨拶からはじまり、新入りや病人の扱い、詰め（便所）の始末、それぞれの座る場所、食事法などを決めた。特に喧嘩口論については喧嘩両成敗などという半端なことはせず、理非をはっきりと分け、詰問機関や房内の私刑制度を整えた。つまり非のある者には「便所の横に座らせる」「食事を抜く」などの罰を与えた。この囚人の囚人による自治制度に一同は大いに喜び、即座に畳三畳を積み上げ、その上に逸平を座らせたのだという。

しかしどのような制度や掟も人が係る限り、その利権上に胡座《あぐら》をかく者が現われる。前述のごとく、いずれは陳腐な制度に成り下がるものである。

いずれにせよ牢内の作造りで殺されないまでも、想像を絶する拷問（石抱き、海老責め、釣り責め、水責めなど）で自白を強いられ、刑場に送られた冤罪の人々は何万といたことであろう。囚人のほとんどは劣悪な環境下で皮膚病だったというが、深刻な病気を患い非人頭が支配する溜《ため》（後述）に送られるほうがよほど極楽だったという。

牢屋敷内には処刑場もあった。それは明治元年に創建された大安楽寺の場所で、今の十思公園の向かいになる。現在ここには受刑者を弔うための碑と延命地蔵像、牢の石垣の一部などがある。また、十思《じっし》公園には江戸市中の最初の時の鐘といわれる「石町《こくちょう》時の鐘」や吉田松陰の碑などがある。

浅草橋から雷門へ

地図 P.150

街道は浅草橋から駒形堂まで、隅田川沿いにほぼまっすぐだ。少々ガイドブック風になってしまうが、いくつか筆者が気にかけているポイントをご紹介しよう。

●榊《さかき》神社：明治に社名が変更されているが、その時どのような主旨で新社名を選んだのか不可思議だが、もとは『江戸名所図会・巻之五・第六天神の社』のことである。第六天については前出（中山道と板橋宿「縁切榎と第六天」）で述べた。やはり、ここでも第六天は神代七代の六代目にあたる面足《おもだる》之命《みこと》と惶根《かしこね》之命とされていて、若い神職をはじめとして誰一人それに疑問を呈する者のいないこと、神仏習合時代の第六天信仰という史実を顧みようとしないことは誠に残念である。

繰り返すが仏教でいう第六天とは魔王のことであり、この信仰は確かに邪教淫祠的要素を含んでいた。それゆえとは断言できないが江戸庶民に大変人気のあった神仏である。後述するが都内の日光・奥州街道周辺だけでも筆者が見て回った限り、他に二カ所あった。

→大安楽寺の向かい、十思公園に展示されている「石町時の鐘」。普段は鐘楼に登ることはできない

↑榊神社の絵馬

←『江戸名所図会・巻之五・第六天の社』

●鳥越神社と鳥越刑場：天正十八（一五九〇）年、徳川家康が江戸に入り都市建設の開始にともなって間もなく穢多頭の弾左衛門たちが日本橋尼店《あまだな》（日本橋室町）から移させられた場所が鳥越である。ちなみに、彼らは穢多という呼ばれ方を嫌い、自らを長吏《ちょうり》と名乗った。前にも述べたが、弾左衛門とは人名でもあるが職掌でもある。しかし穢多頭は世襲ではない。穢れへの差別意識が強くなるまでは最下級とはいえ武士階級であった。

　また、このとき日本橋本町四丁目にあった刑場は二カ所に分かれ、一つは日本橋本材木町五丁目（京橋）、もう一つは鳥越の鳥越川（現在は暗渠）に架かる須賀橋（天王橋、元鳥越橋、地獄橋ともいわれた）のきわに移された。ここは現在の須賀橋交番前交差点あたりである。ここには三五郎という非人が非人小屋を建てていたという。

　一方、後に非人頭となる車善七と配下の非人たちは当時、大川端西岸（駒形周辺）にいたというが、慶長十三（一六〇八）年に、やはり鳥越に移されている。三五郎との関係はわからない。弾左衛門も車善七も共に幕府（奉行所）から穢多頭、非人頭に任命され、居住地を与えられていたのである。弾左衛門が勢力を拡大し始めたのはこの頃からといわれる。

　現在の鳥越に当時の面影は全く残っていない。鳥越神社の威勢の良い、都内随一の誉れ高い千貫神輿や高張提灯などの祭りの喧噪の彼方、経済成長の怒濤の下に押し流されてしまったのか。

　しかし鳥越の「おかず横町」を歩くと、そこには庶民の生活の面影が残っており、心が安らぐ。

●鳥越で処刑された神様：ところでこ

↑甚内神社

→境内の甚内霊神碑

↑おかず横町

→鳥越神社大神輿の絵馬

の鳥越川に架かる橋の一つで鳥越神社の南には甚内橋があった。甚内とは武田家家臣で槍の名手・高坂弾正の子の名である。高坂（向崎、向坂、幸坂とも）甚内は宮本武蔵の弟子ともいわれるほどの剣豪だったが、二十一歳で江戸に出て以来、辻斬りなどの悪事を働き、やがて江戸にいられなくなり、子分を集めて箱根の山賊となったので、創建されたばかりの幕府は甚内を召し捕ることとした。しかし相手は剣の達人なので手出しも容易でなかったところ、甚内が瘧《おこり》（マラリア）を患った。そこをすかさず捕らえて処刑した場所が鳥越刑場である。

刑場近くの橋を渡る時、甚内は「我《われ》瘧病《おこりやまい》にあらずば何を召し捕れん。我ながく魂魄《こんぱく》を留《とどめ》、瘧に悩む人もし我を念ぜば平癒なさしめん」と叫んだそうだ。捕まった憤りから「瘧の神になってやるぞ！」というわけだが似た例は痔、虫歯、頭痛などにもみられる。いずれにせよ、そこで彼の言葉通りに同病に悩む人が橋の近くで甚内に祈ると不思議にも治ったので橋の近くに祠を建て、橋の名を甚内橋と名付けた。盗賊が名を残し霊神となった珍しい例だ。板橋での近藤勇も瘧の神になっていた。

●駒形堂：浅草寺のご本尊、黄金の観音菩薩像が初めて祀られた場所である。とはいえ像は捨てられるように置かれたと一部では伝えられている。今は頭に馬の顔を載せた馬頭観音が主尊だ。ガラス越しに目を凝らせば、はっきりと拝観できる。

この堂の裏に明治の初年頃、「白蝋のような色沢《いろつや》をして、眼切れのながい、凄いほどの美人、夜嵐おきぬ」が居を構えていたというが、勝手ながら詳細は続編でご紹介する。

↑→駒形堂と御本尊の馬頭観音像

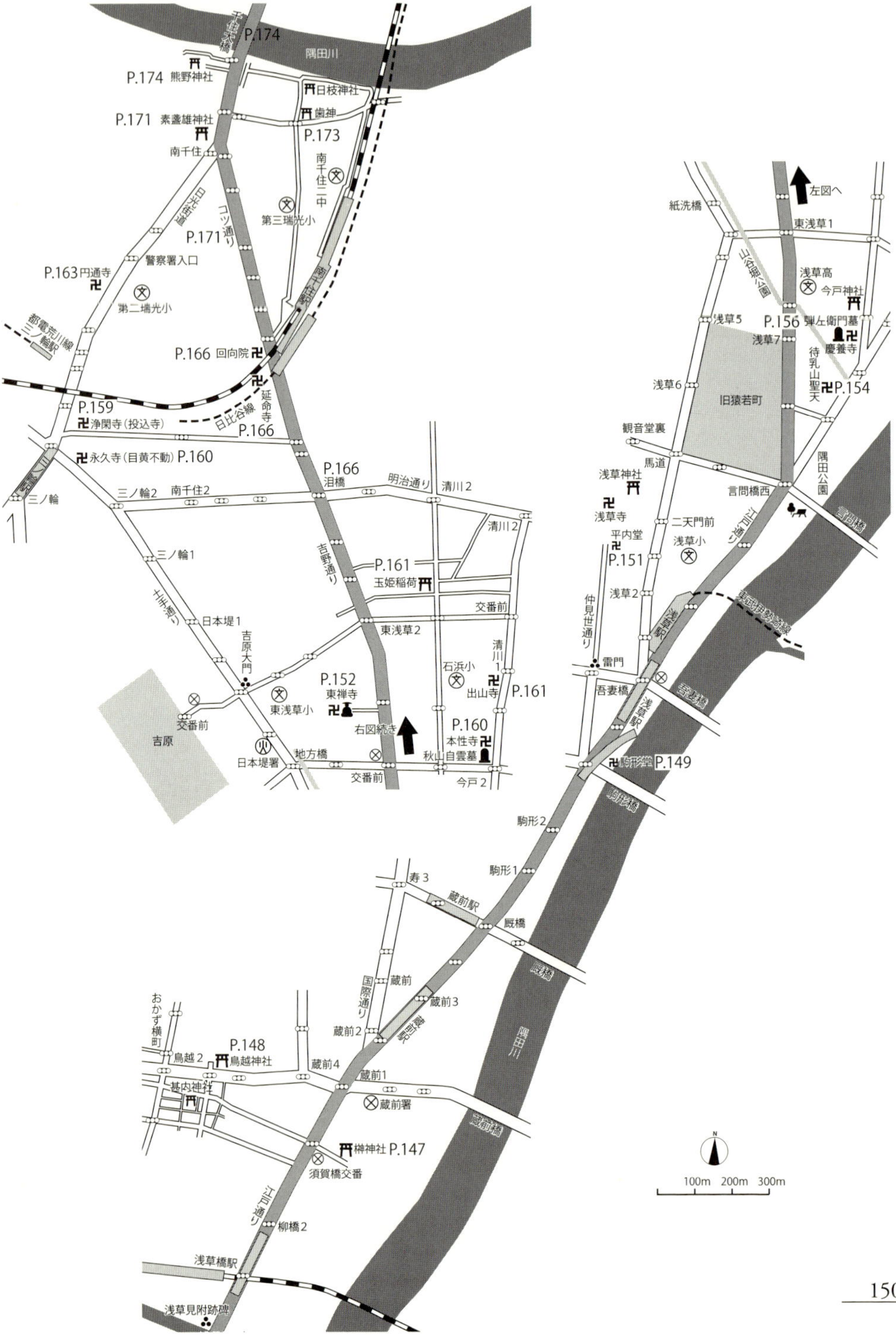

隅田川
千住大橋
P.174
P.174 熊野神社
日枝神社
P.171 素盞雄神社
南千住
P.173
南千住二中
第三瑞光小
日光街道
コツ通り
P.171
警察署入口
P.163円通寺
第二瑞光小
都電荒川線 三ノ輪駅
南千住駅
P.166 回向院
延命寺
日比谷線
P.159
浄閑寺(投込寺)
P.166
永久寺(目黄不動) P.160
三ノ輪
三ノ輪2
南千住2
P.166
泪橋
明治通り
清川2
清川2
三ノ輪1
土手通り
吉野通り
P.161
玉姫稲荷
交番前
日本堤1
東浅草2
吉原大門
清川1
石浜小
P.152
東禅寺
東浅草小
出山寺
P.161
交番前
右図続き
P.160
本性寺
秋山自雲墓
吉原
日本堤署
地方橋
交番前
今戸2
左図へ
紙洗橋
東浅草1
山谷堀公園
浅草高
今戸神社
浅草5
P.156
弾左衛門墓
浅草7
慶養寺
待乳山聖天
P.154
浅草6
旧猿若町
観音堂裏
馬道
隅田公園
浅草神社
言問橋西
言問橋
浅草寺
二天門前
江戸通り
平内堂
P.151
浅草小
浅草2
東武伊勢崎線
仲見世通り
浅草駅
雷門
吾妻橋
吾妻橋
浅草駅
駒形堂 P.149
駒形橋
駒形2
駒形1
寿3
蔵前駅
厩橋
厩橋
国際通り
蔵前
蔵前3
蔵前駅
隅田川
おかず横町
蔵前2
P.148
鳥越2
鳥越神社
蔵前4
甚内神社
蔵前1
蔵前署
蔵前橋
榊神社 P.147
須賀橋交番
江戸通り
柳橋2
浅草橋駅
浅草見附跡碑
100m 200m 300m

●強面《こわもて》の縁結び神：浅草寺境内の一画に久米平内《くめのへいない》堂がある。小さなお堂なのであまり目立たない。しかしここに祀られている久米平内は恋の仲立ちをしてくれる神なのだ。

江戸初期に実在した武士で本名は兵《ひょう》藤平内兵衛《どうへいないびょうえ》。天和三（一六八三）年に没したといわれる。

無類の豪傑で剣術にすぐれ、若い時に多くの人を殺《あや》めた。自分の怨恨で斬ったことはなく、すべて人のため人を殺したとはいえ、その数八十七名にのぼった。それで晩年、あっさり斬られてしまった彼らの供養のため浅草寺金剛院で「仁王座禅」という法を修め自分の仁王座禅姿を石に刻ませた。

臨終に臨み、罪障消滅のため、その像を人通りの多い仁王門付近に埋めて人々に踏みつけさせたのだ。

後に石像は堂に納められたが、この「踏みつけ」がなぜか「文付け」と転じた。この場合の文付けとは、恋文などを預かり、その人の想いを遂げさせてあげるといった意味である。全く容姿にそぐわないことになってしまい、本人もさぞ戸惑ったことであろう。

文は境内に結びつけられるのだが、他人の「結び文」を持ち帰って占に使う場合もあったという。「平内さまの元に三日間日参しているが、わずか三分二朱の金で疑いをかけられ困っている」という文を持ち帰った者が三日＋三分＝六、二朱の二から六百二十番の富み札（宝くじ）を買って大当たりしたという話も残っている。現在でも密かに願掛けに来る女性が多い。

ところで久米姓は奥方の家の名だそうで、なぜか養子でもないのに兵藤より久米のほうが通りがよかったという。

↑浅草寺・久米平内堂

←『江戸名所図会・巻之五・兵藤平内兵衛、仁王座禅の像』より部分

↑新吉原大門前の老舗
←隅田公園から望む対岸は別世界に見える

江戸六地蔵・札所四番「東禅寺」

地図 P.150

東浅草二丁目・東禅寺の江戸六地蔵は約三百年間、火災や災害をくぐり抜け、風雨に耐え、背後の吉原、眼下の旧道を守護してきた。

昭和三十四（一九五九）年、傍らには日本におけるパン製造の祖といわれる木村安兵衛夫妻の銅造が慎ましげに仲間入りし、つい先頃には南東方向にニョキニョキとスカイツリーが延びてきた。時代の変化はスピードを加速するばかりだが、驚きこそすれ飽きることはなかろう。

平成十一年に修復工事が行なわれているが、やはり傷みは隠せない。それでも六地蔵には露天で庶民を見守る姿こそが似合う。

札所としては四番目だが造立は宝永七（一七一〇）年で品川寺の像に次いで二番目だ。他の六地蔵は鍍金が施されていたが、この像は表面に布目条に鑢《やすり》をかけ、ベンガラ色（朱色）の漆を塗った上に金箔を貼られていたという。

像高は二メートル七十一センチ。同じく露天に座す浅草寺の二尊仏（観音菩薩と勢至菩薩）に比べると見た目は少々地味ではあるが、こちらの尊像の方が若々しい表情をしている。

石標には「都重宝」と刻まれているが都の文化財保護条例が改正されて現在は「東京都指定有形文化財」に変更されている。

江戸六地蔵・札所四番「東禅寺」。お地蔵さんもスカイツリーを眺めているのだろうか

北部に集中する悪文化

江戸の悪文化集中地帯

地図 P.150

かつて「悪所」は庶民にとっての非日常空間であり、都市としての江戸の果てでもあった。時の権力によって芝居、遊郭、刑場と火葬場、被差別民の居住地などが浅草寺北周辺に集められ、文化・娯楽・歓楽・穢れと死が渾然一体となっていたので「悪所」とよばれたのである。

●猿若町：猿若町には芝居小屋や役者が集められた。東は吉野通り、西は馬道通りに挟まれた場所で現在の浅草六丁目にあたる。北隣には山谷堀が流れていてそれを遡上するとすぐに新吉原の大門である。遊郭と芝居小屋はともに京都の四条河原あたりに小屋を建てて始めた遊女歌舞伎が発祥といわれるから歴史的には同根である。

天保十（一八三九）年の天保の改革で老中・水野忠邦と南町奉行・鳥居耀蔵が風紀を乱すという理由から芝居小屋を潰そうとしたが、遠山の金さん（遠山左衛門尉景元）が、庶民から大衆芸能を奪ってはかえって治安が悪化するという意見書を出して反対した。

そもそも芝居小屋はよく火事を出す。そこで幕府は天保十三（一八四二）年折衷案として猿若町に芝居小屋を集め、歌舞伎 操《あやつり》 人形座、日本橋堺町の中村勘三郎座、葺屋町の市村羽左衛門座、歌舞伎河原崎権之助座（森田座）が入る。他にも茶屋、料理屋、土産物屋などが立ち並んだ。ちなみに町名の由来は俳優始祖といわれる猿若勘三郎（初代中村勘三郎）からきている。

↑渓斎英泉『江戸両座芝居町顔見世之図』。猿若町の繁盛ぶりがわかる　→現在の猿若町。「旧・浅草猿若町」の碑などが散見されるが、今は静かで落ち着いた佇まいだ

出入り口が大門一カ所だった新吉原と異なり木戸口は三カ所あり、役者も町内に住んだ。広重の江戸名所百景『猿わか町よるの景』では新吉原の不夜城といわないまでも夜も明るい猿若町の様子が描かれているが後に火災の危険性から夜間営業は禁止される。

ところで前出「風紀を乱すという」ことの実情を述べておこう。

室町から江戸の初期にかけて登場した歌舞伎の始祖・出雲のお国は慶長十二（一六〇七）年には江戸城内で興行し、全盛期を迎えるが、早くもその翌年には駿府で別の一座とはいえ女歌舞伎が家康によって追放されている。遊女の顔見せ品評会のようなもので演技より色気ばかりを強調していたらしい。寛永五（一六二八）年には人心堕落の元として女舞、女歌舞伎、女義太夫の一切、百三十人程が追放された。

そこで男歌舞伎が登場するわけだが、正徳四（一七一四）年、大奥年寄・江島（絵島）と木挽町山村座の歌舞伎役者・生島新五郎の密会は五十人近くの関係者が罰せられる大スキャンダルとなる。この例のみならず、明治には役者にそそのかされて毒殺事件を起こした夜嵐おきぬの事件などのイメージから芝居の役者は男前で女たらしと相場が決まっているかというと、じつは決してそうでもない。

堺町（日本橋人形町三丁目）、葺屋町（日本橋人形町二丁目）、木挽町（東銀座・歌舞伎座周辺）などの芝居町には「舞台子」とよばれる十四～五歳の女装した美少年が出演していた。その妖艶さに情念を燃やす男も多く、彼らを目当ての客も増えるから、またしても風紀が大いに乱れた。当時このような少年の美しさは前髪にあったとされ

↑寛文中頃（1660年代）の若衆。彼らは前髪を切り落とし頭巾をしていた

↑猿若町は待乳山聖天さんの西の一画にあった

ていたので、町奉行は彼らの前髪を剃らせることにしたという。

彼らは地方回りや舞台に出ないものなど情況によって「子供」「陰子」「陰間」「飛子」などともよばれたが、遊女屋が遊女を抱えるように芝居小屋は「舞台子」を抱えていたのである。

そこで主だった芝居小屋を猿若町に集め、厳しく監視の眼を光らせようとしたのである。慶安四（一六五一）年に若衆歌舞伎の禁令が出たものの、若衆茶屋は大いに繁盛したそうだ。

やがて明治になると中村座は鳥越町、市村座は下谷二長町《にちょう》、河原崎座は新富町へとそれぞれ移転し、男色趣味も息を潜めるようになった。

乞食の閻魔さま・浅草弾左衛門

地図P.150

●新町《しんちょう》：鳥越が武家地になるため、四代目弾左衛門が配下の穢多や猿飼たちを引き連れて浅草北部（今戸）に移ったのが正保二（一六四五）年である。この頃には弾左衛門の権力は関八州に及び「百万石以上の諸侯にも比すべし」とまでいわれるようになる。江戸には裏世界の大名がいたのだ。一帯は真土山（待乳山）の麓だったために山谷《さんや》ともよばれた地域だったので、文書《もんじょ》には彼らを谷ノモノなどとも書いている。

この時、車善七と配下の非人たちも浅草北部へ移されたようだが、その場所も弾左衛門と同じ新町だったかどうかはわからない。

いずれにせよ以降、鳥越は元町、新たな浅草の居住区（弾左衛門囲内《かこいうち》）は新町とよばれるようになった。南北三町（約三百三十メートル）、東西一町（約百十メートル）余りという広さで邸内には各種の商家が並び、南北に門はあるが開いており誰でも通り抜けること

↑現在でも浅草には歌舞伎の白波（盗賊）が似合う
←引き回し図（『伝馬町牢屋敷』より模写）。槍や捕り物具を持つ谷ノモノ、旗や高札を持つ非人が描かれている

ができたという。

刑場も移された。山谷堀今戸橋の南（山之宿町か聖天町）というから待乳山の向かい、現在の隅田公園野球場の一画あたりだろうか。ついでに、焼場も山谷堀の北側、吉原大門の向かいあたりにあったというから、風向きによっては死体を焼く煙が遊郭に流れ込んだことだろう。まさに浅草は聖、性、賎、死が一緒くたになった地域であった。しかし、浅草に刑場があった時期は短かったらしく、間もなく小塚原に移転した。

山谷堀とは石神井川用水（音無川）のことである。根岸→三ノ輪→日本堤の外側から隅田川へ流れ込んでいた。今は山谷堀公園や暗渠になっている。

●江戸における被差別民部落の発生：ところで穢多部落、特殊部落の発生についてはいろいろな説があるが、その一つに有史以前から列島に原住していたウェッタ族（ウイルタ族）説がある。現在はサハリンにわずかに残る少数民族だというがウェッタ→エタとは、少々乱暴な気がする。現代までもなお被差別部落が日本中に点在することを考えると、異民族説には納得できない。

過去における権力と宗教による一部の人間への隔離・差別政策が介入した結果と考えるべきだ。つまり生活に必要とされるにもかかわらず、穢れにかかわると思われた職種に従事する人々が徐々に彼らの居住区域を限定され、やがて差別につながったものだろう。

特に皮革製品の加工製作についての差別が顕著になり始めたのは四代将軍家綱が貞享《じょうきょう》二（一六八五）年に出した「生類憐れみの令」以降であるという。

皮革製品は鎧などの武器を作る上で不可欠な部品だから戦国時代には武将にとって重要な技術だった。

しかし世の中が平和になると狩猟民族的な習慣に馴染まなくなった農耕民族社会にとって、牛馬など大型動物の解体処理は限りなく穢れに近い職業と感じられてくる。仏教的観念からは殺生、神道的観念からは死と血の不浄と結びつき、差別が助長された。そして封建制度下の枠組みの中で、ある時期から手の平を返すように士農工商の最下位に位置づけられたものだろう。

文書によると彼の配下には長吏《ちょうり》（皮革加工の穢多）、座頭（琵琶奏者、鍼灸按摩）、舞々（鼓に合わせて唄い舞う）、猿楽（滑稽な仕草と芸）、陰陽師（呪術）、壁塗（左官）、土鍋師（土鍋を作り売る）、鋳物師、辻目暗（盲目の雑芸人・乞食）、非人（物乞い・鳥追い）、猿曳（猿回し・厩の祓い）、弦差（八坂神社に隷属する犬神人・弓作り・死屍の始末）、石切（石材の切り出しと細工）、土器師（素焼きを作り売る）、放下《ほうか》師（僧形の曲芸師）、笠縫（菅笠作り）、渡守（渡し舟の船頭・河原者が始めた）、山守（山の番人・番非人）、青屋（藍染め・牢屋番）、坪立（壺作り）、筆結（筆作り）、墨師（膠《にかわ》を使って墨を作る）、関守（重荷渡河地点の関の番人）、獅子舞、蓑作り、傀儡《くぐつ》師（人形回しなどの遊芸人）、傾城屋（遊女屋）、鉢扣《はちたたき》（念仏踊り）、鐘打（遊行僧に従い埋葬もする）などのほかに湯屋風呂屋、人形舞（人形使い）、盗賊まで入っている。特にこの中で土地に縛られない河原者（芸人）や遊行者は非人と見なされた。

　では、弾左衛門が賤民階級を支配する権利を誰が最初に認めたかというと、源頼朝ということになっている。おそらく、鎌倉に住んでいた由井（または藤原）弾左衛門が源頼朝から朱印（頼朝御証文）をもらったのだという（その写しを河原巻物という）。偽文書といわれるが、天正十八（一五九〇）年、大手町の近くに住んでいた弾左衛門が家康入府の際いち早くこれを提示したのが功を奏し、そのため右記以外の職種に関しても特権を得た。つまり斃死した牛馬の処理から派生する皮革製品の製作、灯心や鼻緒、雪駄などの製作販売などである。

　これによって江戸期だけでも十三代続いた弾左衛門は穢多身分といえ徐々に勢力を拡大し、前述のごとくやがて大名並みの権力を得ていたのである。

　しかし非人頭の車善七、役者、座頭（当道座）などの組織とは長年、支配権を巡る摩擦が生じていた。元禄二（一六八九）年には一部の座頭が支配下から独立したという説もある。確実なところでは宝永五（一七〇八）年、四条河原の絡繰《からくり》師と興行を巡る裁判で弾左衛門は敗れている。

　その成り行きを見守っていた二代目市川団十郎は弾左衛門の敗訴に狂喜し、裁判の経緯を『勝扇子』という一巻にまとめて家宝にしたという。その後興行した歌舞伎『助六』では団十郎扮する助六が弾左衛門をイメージした大名を装う髭《ひげ》の意休《いきゅう》の頭に下駄を乗せ「鼻緒をすげ替えろ」とか「いよ乞食の閻魔さまめ！」などという乱暴な台詞《せりふ》を吐いている。

　十三代目といわれる矢野弾左衛門の墓は今戸一丁目の本龍寺にあるが、コンクリートに覆われたごく一般的なカロート式の墓地の中にある。ご住職に伺うと快く案内してくださったが、特に目立つ墓石でもなく解説板もないので、ふらりと訊ねても見つけにくい。

　また、弾左衛門囲内には白山神社が

祀られていた。弾左衛門の一子が疱瘡を患ったとき、加賀の白山比咩《ひめ》神に祈願したところ快癒したので敷地に勧請したといわれる。この神社は昭和十二（一九三七）年、今戸神社に合祀されたが、合祀にあたり今戸神社の氏子らから大反対された経緯がある。

ところが、白山比咩神社の祭神は伊弉諾尊と伊弉冉尊の夫婦神でもあるとされるので、当然ながら今戸神社でもこの二神を祀り、子孫繁栄・縁結びの神社として知られるようになる。今戸焼きや絵馬の「縁結び招き猫」と相乗効果をもたらし、今では若い女性たちから絶大な人気を得るようになった。ここは世田谷区豪徳寺と共に招き猫発祥の地といわれているのである。

浅草の裏穴場

地図P.150

●投げ込み寺・浄閑寺：吉原に関して

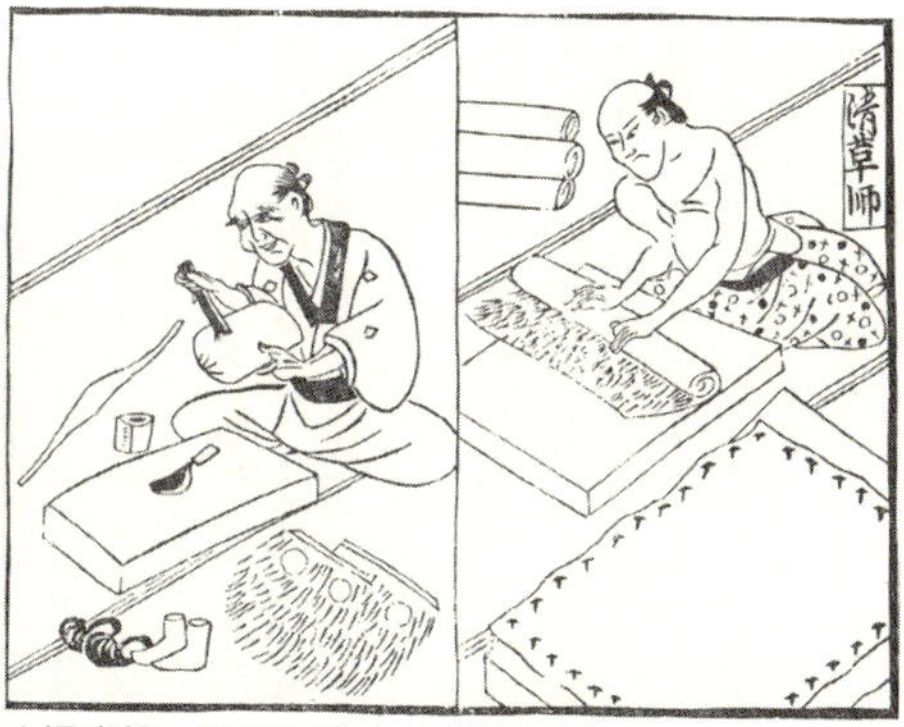

↑滑皮師と皮細工師『人論訓蒙図彙』より。皮なめしには大量の水を必要としたので河原に居住した

←最後の弾左衛門となった矢野氏の墓

↑燈心売り『七十一番歌合』より。燈心は藺（イ）の髄で作る。安価なものだが生活必需品である。都市における藁や竹製品、油なども同様であった

←かつての今戸八幡宮、今戸神社には招き猫と縁結びのご利益で若い女性に大変人気がある。これも白山比咩神のご神徳か

も続編で述べるが、ここでは場所だけ述べておく。多くの場合、若くして亡くなった遊女の遺体は吉原大門から山谷堀に沿って、かつての日本堤（吉原堤）、現在の土手通りを北西に八百メートル程進む。そこは三ノ輪で、現・日光街道との交差点だ。目黄不動の永久寺がある。浄閑寺はそこから右に折れ、日光街道を百メートルほど北上した右（東）側にある。

●痔の神様：霊岸島の酒問屋の手代・善兵衛はその働きぶりを見込まれて店を継ぐまでになったが三十八歳の折、悪質な痔病を患った。さまざまな治療にも効果なく、ついに出家までして病気平癒の祈願に努めたが七年間苦しんだあげく延享元（一七四四）年に死して痔の神（秋山自雲《しゅうざんじうん》）となった。

『耳嚢・巻之四・痔の神と人の信仰可笑事《わらうべき》』にも、長年にわたり善兵衛を治療した医師・秋山玄瑞《げんずい》の話として紹介してある。それによると善兵衛は常々「我死しなば世の中の痔病の事は誓ひてすくふべし」といっていた。その善兵衛が籠った寺が浅草玉姫町（現・清川一丁目）の日蓮宗本性寺である。

この神・秋山自雲は他にも秋田、小田原、京都（九カ所）、大阪、兵庫、岡山などの日蓮宗の寺院に祀られている。

前述の於竹や高坂甚内、近藤勇、後述する歯神の山王清兵衛などに通じるものがある。たとえかれらが実在した人物ではなかったとしても、後に彼らを神仏に仕立てて祀り上げ、祈念した多くの人がいたことは事実である。

その庶民的で素朴な信仰は一笑に付すべきではない。むしろ我々が失いつつある感性だ。

●遊女采女《うねめ》の辞世の歌：本性寺から北へ二百メートルほどで采女塚のある

↑『江戸名所図会・巻之五・山谷堀』中程の橋が今戸橋
←現在の山谷堀公園は遊歩道になっている

出山寺《しゅつさんじ》である。

この周辺は浅茅ケ原とよばれる広大な湿原で水鳥も多かったという。雁金《かりがね》屋《や》の遊女采女《うねめ》や、梅若丸の母・妙亀尼《みょうきに》（後述）が身を投げた鏡ガ池などの名跡地もこのあたりだったようだ。

『江戸名所図会・巻之五・采女塚』に「寛文（一六六一～七三）の頃、吉原町にうねめといへる遊女はべりしが、ゆゑありて夜にまぎれてここに来《きた》り、池中に身をなげてむなしくなりぬ。夜明けてのち、あたりの人ここに来りけるに、かたはらの松に小袖をかけて、一首の歌をそへたり。

名をそれと しらずともしれ猿沢の
あとをかがみが池にしづめば

かくありしにより采女なることをしりければ、人あはれみて塚をきづきけるといへり」とある。

「采女」という題目の能がある。帝の寵愛が衰えたことを悲しんで猿沢の池へ身を投げた采女（女官）の話である。当時の人々は貴賤にかかわらず、この程度の歌を理解する知識を持ち合わせていたのか、と感心してしまう。

一説によると采女に心を寄せていた若い僧がおり、師からそれを強く諌められ、雁金屋の前で自害してしまった。それを知った采女が悲しみのあまり池に身を投げたという。まだ十七歳だというから、人々はよほど同情したのであろう。しかし考えてみれば一番気の毒なのは、店前で人に死なれ、遊女まで失った雁金屋の主人のような気がしないではない。

碑は文化元（一八〇四）年、太田南畝らの文人たちによって建立された。

●働き者のお狐さんたち：泪橋（後述）の南東三百メートル程のところに玉姫稲荷神社がある。かつて清川一、二丁

→秋山自雲の墓。卒塔婆や墓石には「秋山自雲功雄尊霊神」とあり、善兵衛が霊神とされていることがわかる。この左下にも小さな自然石の墓石が立つ

←采女塚。写真は正面から見て左側。正面上部には采女塚の文字が見えるが側面ともに細かい文字は風化していて判読不可。奥は満願地蔵尊の堂

目の全域と浅草二丁目、橋場一、二丁目の一部を玉姫町とよんでいたのもこの神社の故事、新田義貞が北条高時を追討の際、襟掛けの御影（稲荷大神の像とも）を瑠璃の宝塔に納めてこの地に奉置したことに由来する。特に玉姫さまがいたわけではないらしい。

　ここでご紹介したいのは境内に合祀されている口入《くちいれ》稲荷だ。口入れとは紹介・斡旋のことで、江戸時代には口入宿、口入屋などの商売があった。それが転じて口入＝縁結び、仲人などの意味にもなっている。口入稲荷は伏見の稲荷山にもあり、こちらが本源であろう。玉姫の口入稲荷は新吉原の口入宿・高田屋の庭内にあったものだが、ある夜、主人の枕元に口入稲荷大神が現われ「信徒衆に一層のご利益を授けたいので玉姫神社境内に移すように」との託宣をしたという。

当然、客や身請けの旦那を求める遊女の信仰も篤かったと考えられる。

　祈念法としては雄か雌どちらかの狐を神社でいただいてきて「私の願いが叶ったらあなたにも良い伴侶を授けましょう」と拝む。それで狐は願い主のために一生懸命かけずり回るのだ。それで願い事が叶ったらこの狐を連れて再び神社へ出向き、相方の狐を添えて奉納する、というものだ。

　この狐は今戸焼きで羽織を着た立姿のものと裃で座っているものがあり、願い事によってどちらかのタイプを選ぶのだが、民芸品としても味がある。神主さんに伺ったところ、色付けは子供の頃からご自分でなさっているそうだ。だからみな微妙に表情が異なる。

　今戸周辺には瓦や陶器、狐や福助など縁起モノの土人形などを作る家が多くあった。

↑←口入稲荷神社と今戸焼の口入狐

●穴だらけの黒門：日光街道を浄閑寺から、さらに三百メートルほど北上した左（西）側に巨大な黄金の観音像が、これまた巨大なパゴタ風の本堂に貼り付いている。ここ円通寺には上野の山で官軍と戦い亡くなった彰義隊隊士二百六十六名の合同墓と明治四十（一九〇七）年に上野から移された寛永寺の黒門がある。

　当時下谷にあった円通寺の仏磨《ぶつま》和尚が斬首を覚悟で官許を得、寛永寺の御用商人・三河屋幸三郎、新門辰五郎（火消しめ組の頭として有名）らとともに、上野の山に見せしめとして散乱放置されていた賊軍扱いの遺体を荼毘に付したのである。

　その縁で戦場に残った寛永寺の格子状の門（黒門）も円通寺に移されたのである。当時の武器はまだまだ貧弱だったせいで門は破壊されずに残ったのだという説もあるが、近づいてみると鉄砲の穴だらけで、戦闘の激しさをしっかりと記録している。

　ところでこの黒門の近くに幼子を抱く子育て地蔵尊が立っている。この寺の墓地に当時四歳だった子供の遺体が遺棄されていたのだ。昭和三十八年に発生した「吉展《よしのぶ》ちゃん事件」で誘拐・殺害された子供を供養する「吉展ちゃん地蔵」である。

　また境内には八幡太郎（源義家）が奥州討伐の折に打ち取った四十八人の首を埋めたという塚があり、これが小塚原の地名の由来となったという説もある。しかし小塚原の由来については別の説もあるので後述する。

　ちなみに回向院の山門脇にも「吉展地蔵尊」が立っている。

←吉展ちゃん地蔵　↑弾穴だらけの黒門　→円通寺の本堂上部

小塚原刑場に係る人々

非人・囚人・刑場

地図 P.150

非人と刑場の関係は深い。よく穢多(長吏《ちょうり》)・非人と一緒に並び称されるが、穢多と非人は異なる。穢多はおおむね専門職に就いていたのに対し、非人は正式な職業に就いてはならぬとされた乞食身分なのである。しかし乞食とはいえ一部の非人は奉行所に拝命された非人頭の配下として統率されていた。

浅草非人頭の車善七、品川非人頭の松右衛門はともに武士の出といわれる。他にも深川の善三郎、代々木の久兵衛などが非人頭として知られている。

車善七の前身に関しては、上杉景勝の重臣・車丹波が家来を引き連れて江戸に侵入し、配下の者を非人の群れへ紛れ込ませて自らは非人頭を拝命されたとか、秋田藩の豪傑だったなど、いろいろな説がある。いずれにせよ一筋縄ではいかない乞食の群れを纏《まと》め上げ、統率したのだから、よほど力量のある人物だったのだろう。

非人頭は弾左衛門の支配下にあったとはいえ、彼らは決してその情況に納得していたわけではなかったようだ。

彼らは刑場の下働き、お尋者や盗賊の探索、浅草寺の門前に多かったといわれる行き倒れの運搬・始末、御用船を使っての堀や川の清掃などをして生活するものの、それを職にしていたというわけではなく、たとえば町の清掃を行なう時などは紙屑拾いが役得になっており、それで再生紙を作って売ったりした。山谷堀に紙洗橋という名が残る。また、特に女性は季節によっ

↑鉢叩き(茶筅売り)と念仏踊りの鉦叩き

→普段は門付だが正月のみ鳥追として着飾る

て鳥追いなどの門付け《かどづけ》（人家や商家の門口で音曲を奏したり芸能を演じて金品を貰い歩く）を生業《なりわい》とした。多くの絵が残っているように、かなりの美人が多かったという。男は髷を結っている者は少なく、多くはザンギリ頭で、これが非人の特徴だったというが絵を見る限りでは髷を結っている者が多い。

　また、奉行から弾左衛門を通じて降りてくる差配も受けなければならず、前述したが明暦の大火の処理で車善七は三千二百八十五人の配下を出しているし、同時に品川の松右衛門も人足を出している。

　頭《かしら》の指示で動く抱《かかえ》非人は非人小屋に住み、いわゆる宿無しの乞食は野非人とよばれた。だから米が高騰したり不作が続くと家や土地を手放して都市に入り込む野非人が増えることになる。彼らは新非人とよばれた。延宝三（一六七五）年、車善七は新非人や野非人約七百人を収容する非人仮小屋を作っている。中には夫婦もいたし、心中未遂などの犯罪を犯したため平民から非人身分に落とされた者もいる。前述のように引き取り手のない迷子も非人預けとなった。

●非人溜《ひにんだめ》：彼らの任務の一つには病気の囚人や少年囚を一時的に収容する非人溜（略して溜《ため》。病牢）の運営管理がある。貞享四（一六八七）年に車善七と松右衛門が南北奉行所からそれぞれ「目玉権兵衛」「はだかり安兵衛」「伊勢五郎兵衛」などの強盗・殺人犯の重病人を預けられた。罪人の逃亡を防ぎ我儘《わがまま》を押さえ込むことにかけて非人の右に出る者はいなかったらしい。

　以降、両非人頭と配下の非人たちは病気や少年囚の世話をするようになり、二年後の元禄二年に車善七は自費で女溜まで作っている。最終的に浅草溜は九百坪の規模まで拡大し、三百人程度まで収容する能力を持った。当然、奉行所からは賄い料も出る。

　溜は長屋造りで畳が敷かれ、竈があって煮炊きができる。頼めば湯茶、煙草、薬ももらえ、夜には燈火が灯り、風呂にも入れるし寒ければ焚き火にも当たれた。囚人にとって牢に比べれば天国だったらしい。ただ、奉行所にとって悩みの種だったのは囚人が非人たちの悪習慣の影響を受けることだったというが、具体的にどんな影響を受けたのかはわからない。

　しかし囚人の病気が回復すれば彼らは牢へ戻るか処罰を受けることになる。当然、溜で死ぬ獄門囚もいる。その場合の遺体は塩漬けにされて処罰をうける。たとえ死体であっても首を落とされたのである。

小塚原刑場の死体埋葬地は回向院境内にあった。埋葬地とはいえ、穴に放り込んだ死体には軽く土をかける程度だから、死臭漂う惨状は眼を覆うばかりだったという。死体を運び込むのは非人の仕事だが、死体埋葬地の管理は弾左衛門が行なっている。

●泪橋から刑場へ：東海道鈴ケ森手前の立会川に架かる涙橋と同じように小塚原刑場の手前にも思川に架かる橋があり、ここも泪橋とよばれた。吉野通りと明治通りの交差点で、刑場に向かう死刑囚がここを通ったのである。

　高森朝雄原作・ちばてつや作画の漫画『あしたのジョー』で丹下段平がボクシングジムを構えていた場所が、この泪橋の下だったという設定はあまりにも有名である。それだけ哀愁たっぷりのイメージを持つ場所であるが、思川は暗渠になっているため現在、橋の名残は全く残っていない。

　吉野通りを北上して交差点を渡ると台東区から荒川区に入る。そのまま三百メートルほど進むと南千住駅で、ここでは日比谷線、つくばエクスプレス、常磐線などが一束になっている。幽霊もたじたじになるほど電車が行き交う高架の下が、小塚原刑場跡だ。現在は延命寺の境内になっている。

　ここにはその名もズバリ「首切地蔵」がデンと座っておられる。もちろん二十万ともいわれる刑死者の供養の地蔵尊である。造立は寛保元（一七四一）年。高さは三・六メートルあり、関東大震災ではビクともしなかったが、先般の東日本大震災では左腕が落下した。二十以上の花崗岩を組み合わせて作られているそうで、今は修復されてはいるが、さらなる修復が必要という。

　また、解説板によると小塚原刑場の

↑荒川区側から台東区側を見た泪橋の交差点
→玉姫稲荷神社の本殿前でポーズをとる「あしたのジョー」

広さは間口六十間余り（約百八メートル）、奥行き三十間余り（約五十四メートル）あったという。

一般的にいわれている説に従って、小塚原刑場が存在し二百二十年間で二十万人が処刑されたとすると、ざっくり計算しただけでも、年に約九百人余が処刑されている。一日二人以上！　土日無しのフル稼働計算だ。同様なことは鈴ケ森でも行なわれていたわけで、よくいわれる「江戸時代の平和」は、じつは膨大な数の死刑囚の上に成り立っていたことになる。江戸幕府は恐怖政治を行なっていたのである。

延命寺と線路・道路を挟んだ北隣には回向院（常行堂）がある。もともと両寺は一緒だった。明暦大火の犠牲者を埋葬した土地の上に造立された本所（両国）回向院の住職・弟誉義観《ていよぎかん》が開いた寺だから、こちらも行き倒れや刑死者、徳川家の馬などを埋葬・供養するための寺として建てられた。

安政五（一八五八）年から翌年にかけて尊王攘夷派の志士に下された弾圧事件・安政の大獄で刑死した橋本左内、吉田松陰、頼三樹三郎らの墓がある。また、蘭学者の杉田玄白、中川淳庵、前野良沢らが刑死者の解剖（腑分け）に立ち会った場所でもある。刑死した遺体は刀の試し切りなどにも使われている。

しかし筆者にとってはもっと俗世間、というより社会の底辺に生きた鼠小僧、片岡直次郎、高橋お傳、腕の喜三郎の墓が魅力的に見える。この四人の小さな墓は、一カ所に一列に並んで立つ。

小塚原の看板役者

地図 P.150

●鼠小僧次郎吉：天保三（一八三二）年に引廻しのうえ獄門となったが、小

→刑死者供養のため建立された延命寺の首切地蔵　↑志士たちに見守られて立つ吉田松陰の墓（中央奥）

塚原で処刑されたという説と鈴ケ森でという説がある。しかし小塚原だけでなく本所回向院（墨田区）にも彼の墓がある。

次郎吉は十六歳で建具職として一本立ち。日々五～六百文の賃金を稼いでいたが博打好きの遊び人だった。真面目に働くことが性に合わず町方火消しの鳶人足になり、呆れた父親から勘当される。文政五（一八二二）年頃のことで、さっそく食うに困り泥棒を始める。翌年、茶屋の酌婦かつと同棲。稼ぎ家業も徐々に荒くなっていった。

文政八年には武家屋敷の板塀を乗り越えたところを捕らえられるが未遂だったためか入墨・中追放（江戸十里四方への立入禁止）で済む。二年後に酒屋で八百両紛失した事件の嫌疑で捕らえられるが前科を隠して（入墨を消していたらしい）放免。その後、かつと離縁して酌婦いちを十両で身請け。

文政十二年、いちを追い出し、酌婦さんを十両で身請け。年号が天保に改まり、酌婦みちを二十両で身請け。治三郎、次兵衛などと偽名をつかう。

そして天保三年、武家屋敷に忍び込んだとき腰元に気付かれ近習の侍に捕らえられる。三十七歳であった。

この十年間で、わかっているだけでも情婦は四人、侵入した屋敷は百四十以上、盗んだ金額はなんと一万二千両におよぶ。被害者は幕府の老中ほか多くの有力大名であったが、彼らは体面を重んじ不名誉を恥じて被害届を出さなかったのである。鼠小僧が捕らわれてもなお、頑《かたく》なに口をつぐんでいた。

ところで庶民には義賊と囃《はや》された彼だが、本人の告白によれば商家は戸締まりが厳重で忍び込みにくい反面、武家屋敷は構えは厳重だがいったん侵入

↑左から鼠小僧（その後ろに見えるのは削られて丸くなった初代）、片岡直次郎、高橋お傳、腕の喜三郎の墓
←本所回向院の鼠小僧の墓石。奥、手前とも鼠小僧の墓だが、手前の墓石のみ削れる。台座まで削られている。泥棒の墓石が４基もあるとは不思議な現象だ

してしまえば意外と内部は不用心だったという。また、鳶人足の経験から、武家屋敷の高い塀などは、たやすく攻略できたという。

本所回向院のほうの墓も人気があり、参拝者が賭事必勝のお守りに墓石を削って、というより堅くてとても欠けないので擦った粉を持ち帰るため、やはり化粧をしているように白い。よく観察してみると台座まで削られている。鼠の隣が猫塚というのが皮肉でおかしい。彼の時世の句は「天が下古き例はしら浪の身にぞ鼠と現れにけり」引廻しの時、鼠小僧次郎吉は口紅までさした薄化粧をしていた。

●片岡直次郎：別名直侍《なおざむらい》とよばれた無頼漢。寛政五（一七九三）年に生まれ、天保三（一八三二）年、小塚原で処刑された時の歳は四十。詐欺《さぎ》、強請《ゆすり》、集《たか》り、恐喝《きょうかつ》などといったセコい犯罪を繰り返すヤクザ者だったが吉原・大口屋の遊女・三千歳《みちとせ》との仲を歌舞伎の題材にされたことで有名になった。墓は彼女が建立したもので、小悪党ながら遊女に墓を作らせるという快挙に庶民は喝采を送ったのかもしれない。

●高橋お傳：別名明治の毒婦。嘉永三（一八五〇）年に生まれ明治十三（一八八〇）年、三十歳という若さで斬首。夫が死亡した後、ヤクザ者の市太郎と生活を始めるが借金が重なり、古物商の後藤金蔵から金を借りるために一晩身を任せるが、金蔵が約束を違え、金は貸さないと言うので逆上。剃刀で男の喉を掻き切って殺害。そのまま金を奪って逃走した。死刑執行の場所は市ヶ谷監獄内で斬首の際に市太郎に逢いたいと、泣きもがいたため、首を一気に刎ねることができず凄惨な情況になったという。処刑の後、異常なる情

→↑　鬼薊清吉の墓は雑司ヶ谷霊園1種8号5側にある。江戸時代には博打打ちなどが「清吉大明神」の幟を奉納し、やはり墓石を削り取って護符がわりにした。「すり抜けの達人」だったからという。現代は受験生が願文をハンカチなどの布に書いて奉納する。だから雑巾がいっぱいぶら下がっているように見える

↑高橋お傳の肖像。現代でも十分通用する美人だ

欲を持つ肉体とみなされた遺骸は解剖され、性器はホルマリン漬けにされた。一時は東京大学法医学教室に保管され低俗な好奇心の目に晒されたのである。彼女の墓は台東区の谷中霊園にもある。

●腕の喜三郎：四基の中では最もユニークで、拳を突き上げた形の墓石である。寛永十九（一六四二）年の生まれで姓は野出。歌舞伎や講談で有名な侠客《きょうかく》（町奴）で五人力の豪傑だったという。強気をくじき弱気を助けることが建前の侠勇だから盗賊などではない。しかし博打や喧嘩は当たり前だから二尺五〜六寸（八十センチ弱）の長脇差（本来は小刀）を下げて町内を我が物顔で歩いていたのだろう。

寛文の頃（一六六一〜七二）、旗本奴数人と喧嘩になり（当時、旗本奴と町奴は犬猿の仲だった）、相手を数人斬ったが自分も片腕を落とさんばかりに斬られた。しかしそのまま泰然と帰宅し、このままでは見苦しいからと子分に鋸で切り落とさせた。その大胆ぶりに人々は驚愕し、喜三郎の勇名は江戸中に轟いたという。後に出家して片板と号し、正徳五（一七一五）年、七十四歳まで生きたというから罪人ではない。

歌舞伎では、もう喧嘩をせぬという証に自らの片腕を切り落とす。

●鬼薊《おにあざみ》清吉：墓は小塚原でなく別の場所にある。浄瑠璃や狂言で知られた悪坊主あがりの強盗。初めに捕らえられたときは入墨と重敲《じゅうたたき》（鞭打ち）の刑で済んでいるから小泥棒だったのだろう。ところが右腕に入れられた幅三分（約六ミリ）ずつ二筋の入墨をモグサで焼いてごまかした。

それがバレて今度は三筋入れられ江戸追放の処分を受けた。しかし清吉は江戸を出ず、左官粂、入墨三吉らと組み、白昼から通行人に突き当たって所持品を盗むなどの荒稼ぎを繰り返した。結局追いつめられ、江戸を抜け出し諸処を逃げ回った末、京都の大仏前で取り押さえられ、文化二（一八〇五）年、仲間の二人と共に打首獄門。この時清吉は三十歳だったという。辞世の句は

「武蔵野の　名もはびこりし鬼薊
時のあつさに　かくも萎るる」

入墨を焼き消し、結局首を刎ねられるのがわかっていながら悪事を重ねる人のまねは筆者にはできないが、同種の人間はどんな時代にも必ずいるのだ。さらに、そのようなワルの生き様に共感し魅力を感じる人々も常にいる。

墓は浅草吉野町の円常寺にあったというが、現在は豊島区南池袋の雑司ヶ谷霊園に移されている。永井荷風、泉鏡花、夏目漱石らの文豪と酒でも酌み交わしていると思うと実に愉快だ。

千住の宿

回向院（JRのガード）を過ぎると吉野通りは終わり、現日光街道までの五百メートルほどはコツ通りとよばれる。道路工事で処刑者の骨が多数出たからだといわれるが、今は小塚原のこづが由来だという説が主流だ。

コツ通りの北半分はもう千住宿の一部だ。千住宿は伊達家をはじめ奥州道中、日光道中、水戸佐倉道を利用する約六十家の大名が利用した。

四宿の中では一番長く、宿場町の発展とともに江戸に向かって南に延びた。ついに隅田川に架かる千住大橋を越え、その地域は南千住宿とよばれた。浅草に近いし、大橋を渡らずに済むので飯盛女目当ての遊び客が多かったようだ。この地域の遊女は落語『今戸の狐』にも登場する「コツの女郎」とよばれた。吉原は敷居が高いので庶民は徒歩で江戸外れの千住宿まで足を伸ばしたのだ。

南千住の不思議な神々

地図
P.150

●瑞光を発した石の伝説：コツ通りと現・日光街道が合流する場所に素盞雄《すさのお》神社がある。『江戸名所図会・巻之五』では飛鳥社《あすかのやしろ》小塚原天王宮となっている。天王とは「旧東海道」で述べたが、疫神・牛頭《ごず》天王のことで本来、素盞雄命とは異なる神格なのだが後に習合してしまった。茅の輪を腰に下げた蘇民将来の一族だけを疫病から救った北海の疫神・武塔《むとう》天神も素盞雄命や牛頭天王と同神とされている。だから当神社でも出している疫病除けのお守りには「蘇民将来子孫也」と書かれているのだ。

縁起によれば延暦十四（七九四）年

↑南千住三叉路で現日光街道と合流。白矢印がコツ通り

↑コツ通り

四月八日の夜、小塚の中の奇岩が突如光を放ち二柱の神が翁に姿を変えて現れ「我はスサノオ大神、アスカ大神なり。我を祀れば疫病を祓い福を増し、永くこの郷土を栄えしめん」とご神託されたという。それを目の当りにしたことになっている修験者の黒珍《こくちん》はさぞ驚いたことであろうが、さっそく祠を建てて二神をお祀りしたという。もう一体の飛鳥大神の解釈は大国主命の御子神で事代主神《ことしろぬしのかみ》・一言主神《ひとことぬしのかみ》で恵比寿様でもあるとは少々乱暴だ。この神は北区王子の飛鳥山でも祀られていた。

　奇岩は瑞光石（瑞光荊石《ずいこうけいせき》）と名付けられ『図会』にも書き込まれているが、ありがたいことに私たちも見ることができる。しかも光るだけではなかったらしく千住大橋を架橋する際、この石の根が荒川（今の隅田川）まで延びていたため、橋脚が打ち込めなかったそうだ。残念ながら今は光っていない。普通の岩に見える。

　しかしこの瑞光石のあった塚こそが小塚原の由来だという。当時は小篠の茂る塚だったという。ここには富士塚もあり、これは元治元（一八六四）年に築かれたもので、かつては門前の茶屋で疫病除けの福もの、藁蛇を売っていたという。『図会』ではその茶店の裏がみたらしの池になっており、そこで参詣者が禊ぎをしたのだろう。また、千住大橋（左上の彼方に描かれている）に向かう街道は千住海道となっており、かつてはこの辺りまで海水が上がってきたことを暗示している。余談だが南千住汐入や墨田区押上の地名も同じ由来だという。

　本社にはよく目立つところに銀杏《いちょう》が立っている。銀杏の大木には時に乳といわれる気根ができて垂れ下がること

↑千住天王子育ての銀杏

↑かつて光を発し二体の神が出現したという瑞光石

から、婦人が祈ると乳の出が良くなるという信仰があり、この銀杏にも同様のことがいわれている。

また、本社の祭り天王祭では千住大橋の上で綱引きをやったことは大変有名で人気があった。大綱は水神である龍や大蛇を象ったものでもあり、南北から屈強の若者たちが引き合うことで、その年の作物の吉凶を占ったという。しかし闘争に発展することもたびたびあったらしい。

「綱《つな》曳《ひ》きや左の利《きき》し大男」…左利きとは酒好きな人という意味で、彼らが祭りのお神酒《みき》を頂きながら豪快に綱を引き合っている様子を詠ったものだ。

●歯神・山王（三王）清兵衛：誓願寺から日光街道を挟んで東に二百メートルほど隅田川を下ると日枝神社がある。無人の神社で鉄網で囲ってあるから境内には入れない。そこから百メートルほど南に行った四つ角（桜並木・砂尾堤土手北側）に小さな祠があり歯神が祀られている。かつては白鉢巻きに白装束の武士が切腹している姿が描かれた幅一メートル程の絵馬が掲げられていた。その武士こそ山王清兵衛だ。

彼は参勤交代で江戸に向かう行列の一員だったが、この地で激しい歯痛に襲われた。これ以上主君の供ができなくなった不忠を詫びて無念のうちに自刃。その時の遺言が「自分の霊をこの地に祀れば歯痛に苦しむ人を助けよう」というものだった。それで同藩の者たちが堂を建て彼を供養したという。『新編武蔵風土記稿・巻之十五・三王社』には「…鳥居の前に碑一基あり、是を土俗山王清兵衛と呼ぶ、歯痛を祈願するに霊験あり」とある。

残念ながら彼のいた藩名は不明だし、日枝神社はかつて山王神社とよばれていたから山王という姓名も、おそらく社名を当てたものだろう。地元の方の話では、今ではこの祠を管理する人もいなくなり、歯神のことを知っている人も少なくなったという。

じつは、この祠の場所は日枝神社のかつての参道入口に当たる。歯神の解説板は日枝神社脇に立っているので、知らずに訪れた人には二つの社祠の関係もわからないので訳がわからない。

しかし虫歯に悩む者がこの歯神に祈念して霊験があれば「人が錨《いかり》を口に銜《くわ》えた絵馬」を奉納するという絵馬信仰は記録にかろうじて残っている。なぜ錨かといえば

・鉄の重い錨を銜えたり噛み切れる丈夫な歯になる
・歯噛が歯神に通じ、水底の岩を噛む錨をさらに噛むほどの強い歯を持つ
・舟を繋ぎ止められるような丈夫な歯

になる、またはぐらつく歯をしっかり止める

・錨が沈むように歯痛を鎮めるなどの願いが込められているようだ。

歯神信仰は戸隠の九頭竜など全国各地に見られるが、歯痛に悩んだ末に歯神となった人物は備後福山藩の奥方、お珊《さん》の方などの例がある。

千住大橋を越える

地図 P.150 P.178

●千住大橋：この橋は家康が江戸に入ってすぐの文禄三（一五九四）年に架けられている。荒川（隅田川）に架けられた最初の橋である。普請担当は関東郡代・伊奈備前守忠次《いなびぜんのかみただつぐ》で、文字どおり荒れる川への架橋は難工事だった。起工したのは前年だったが、どうしても橋杭が打ち込めない場所があり、この時、速い流れに橋柱が倒れ船を転覆させたため何人もの乗船員が溺れ死んだ。これは川の主・大亀のせいだともいわれたし、前述の瑞光石がここまで根を伸ばしているという言い伝えもある。そこで誓願寺の裏手にある熊野権現社（現・熊野神社）に願を掛けてやっと竣工したといわれる。『武江年表・文禄三年甲午』の条にも事故の記事が書かれている。

この熊野権現社の祭神は伊弉冉尊《いざなみのみこと》だ。前述の素盞雄《すさのお》神社に飛鳥大神が祀られているが、この神も紀州熊野由来の神であるから、何らかの関係があるのではないかと『江戸名所図会・巻之五・熊野権現社』に書かれている。

伊奈忠次は橋の完成にあたり残材で社殿の修理を行なった。以後、大橋の架け替えごとの祈願と社殿修理が慣例になったと熊野神社の解説板には書かれている。しかしそれほどの由緒ある神社のわりに、現在は人家の庭のよう

↑「山王」として『江戸名所図会・巻之五・千住川』の絵図にも書き込まれている日枝神社だが、現在は鉄柵に囲まれ参拝不可能。左端に見える説明板に歯神・山王清兵衛の解説があるが歯神社は離れている

→歯神・山王清兵衛の祠。中には墓石か碑のようなものが祀られている。手前の木の奥には庚申塔も

↓錨を噛んでいる絵柄。ユニークな民俗芸術だ

↑千住大橋。この先は足立区

↑こちらも『江戸名所図会・巻之五・千住川』の絵図にも書き込まれている熊野神社。今は完全に屋敷内社になってしまった状態で、門には鍵がかかり社もよく見えない。入口横の解説板を読むしかない。

↓『江戸名所図会・巻之五・千住川』手前が南千住

↑大橋公園の碑

→千住大橋の下。右に見える歩道橋が千住小橋
↑大橋公園の川岸にある手作り風の解説板やパネルなど

江戸外れ～江戸出入り口

で門扉には鍵がかかり参拝もできない。

これは山王清兵衛の日枝（山王）神社も同じであった。よそ者の身勝手な感傷ではあるが少々寂しい。

じつは大橋を渡ってすぐ、足立区の大橋公園（奥の細道矢立初めの地）には川岸に出られる階段があるのだが、ここもホームレスが住み込むのを防ぐため夜には鍵がかけられてしまう。結局、中世から河原や橋の下に集まる人々の情況は変わっていない。

大橋公園は元禄二（一六八九）年三月二十七日、松尾芭蕉と曾良《そら》の一行が深川から隅田川を遡り上陸した地といわれ、ここが旅たちの地、矢立て初めの地（『奥のほそ道』の執筆に入った）とされている。もちろん芭蕉に関する碑やパネルなどもあるが、一見すると平凡な公共の児童公園のようだ。

ただし『奥のほそ道』には「千じゅと云《いふ》所にて船をあがれば…」とあるだけなので足立側に上陸した確証はない。だから荒川側では「こちらのほうこそ上陸地である」と主張することになる。ちなみに素盞雄神社にも芭蕉の碑はあり、定期的に献句会も開催されている。

●千住小橋：大橋公園敷地の片隅に堤防を越える階段（上述、夕方に施錠される）があり、そこから川岸のテラスに出る。かつて鹿狩りの将軍を乗せた御成《おなり》船が接岸したあたりだそうで、その様子や千住大橋に関する絵や解説板などが堤防壁に展示されている。

テラスは大橋をくぐる小さな歩道橋で続いており、一般にはこれを千住小橋とよんでいるようだ。かつて実在した千住小橋は千住本宿の手前を横切る悪水落堀（排水路）に架かっていたものだが、今はその橋も堀もないので、こちらは二代目ということになる。

●橋戸神社のこて絵：大橋公園を出て日光街道を背に（西に）百メートルほど行くと橋戸神社がある。開拓農民や上流から江戸へ行き来する船頭たちの信仰を集めたという古色の残る神社だ。本殿正面の前扉に伊豆長八の白狐親子を描いたこて絵（漆喰細工）がある。額に入れられたレプリカだが、すぐ近くで見られる。

同じ長八のこて絵、品川・寄木神社（旧東海道・寄木神社の夫婦神参照）の力強い猿田彦と天鈿女命とはひと味違う優しさがある。文久三（一八六三）年の作というから四十八歳の作品だ。

千住本宿へ入る

地図P.178

●やっちゃ場から旧日光街道へ：大橋公園を出て足立市場前の信号で日光街道を渡ると旧道への入口がある。千住宿の内、河原町とよばれた三百メート

↑長八のこて絵。母子狐
←中央の建物を挟んで左が現日光街道、右（白矢印）が旧日光街道

ル余りの問屋街だった。かつては三十数軒の青物問屋が軒を並べていたという。威勢の良い掛声からやっちゃ場と通称されたが、今は青物市場全般の俗称となっている。

河原町一帯には街並の丁寧な解説や看板があちらこちらにあって当時をイメージしながら散策できるよう工夫が凝らされている。きょろきょろしながら歩くことになるが、これも楽しい。大橋公園のパネルや説明板と同じ「千住大振会・河原（旧道を楽しくしよう会）」が製作している。

その中でも筆者の目を惹いたのは「後水鳥記」と書き込まれた一枚の絵である。世話係の人が大きな杯を持つ人に酒を注いでいる。その横には杯に口をつけている人。彼らの向かいには三人の男性が座っている。おそらくこれは文化十四（一八一七）年十月二十一日に行なわれたと伝えられる「千住宿の酒合戦」の様子であろう。

●千住宿の成り立ち：前述したが千住宿は四宿中一番長く、南は小塚原町、中村町（共に現在の南千住）、千住大橋を挟んで北は千住五丁目まで、南北約二・五キロメートル以上ある。人口も一番で天保十四（一八四三）年には九千九百五十六人、本陣、脇本陣各一軒に旅籠屋は五十五軒あったという。

街並は南から南千住宿、以下北千住宿、すなわち河原町（やっちゃ場）、掃《か》部《もん》宿（仲町《なかちょう》）、本来の千住宿である本宿（千住一～五）となっている。うち、掃部宿と南千住宿は新しく延びた分である。掃部宿は千住大橋を架けた伊奈忠次を助けた石出《いしで》掃部《かもん》亮吉胤《すけよしたね》が築いた堤によって新たに生まれた土地に作られた町である。彼の墓は千住仲町の源長寺にある。

197ページへ
P.194
氷川神社
宝積寺
十三仏堂
P.192
渕江小
竹の塚5
保木間
竹ノ塚駅
東武伊勢崎線
竹の塚センター前
竹の塚
竹の塚署
足立北局
竹の塚1
増田橋
竹の塚3
P.192
常楽寺
万福寺
P.192
西光院
八幡神社
P.191
炎天寺
日光街道旧道
日光街道
六月2
氷川神社北
P.190
鷲神社
鷲神社前
神社前
中島根小
島根2
P.189
猿仏塚
島根小
島根
島根1
環七通り
西新井駅
梅島3
梅島2
区役所前
足立署
梅島1
駅前
梅島駅
梅島小前
梅島小
足立四中
エルソフィア前
東武伊勢崎線
足立九中
日光街道旧道
日光街道
右図続き
梅田7

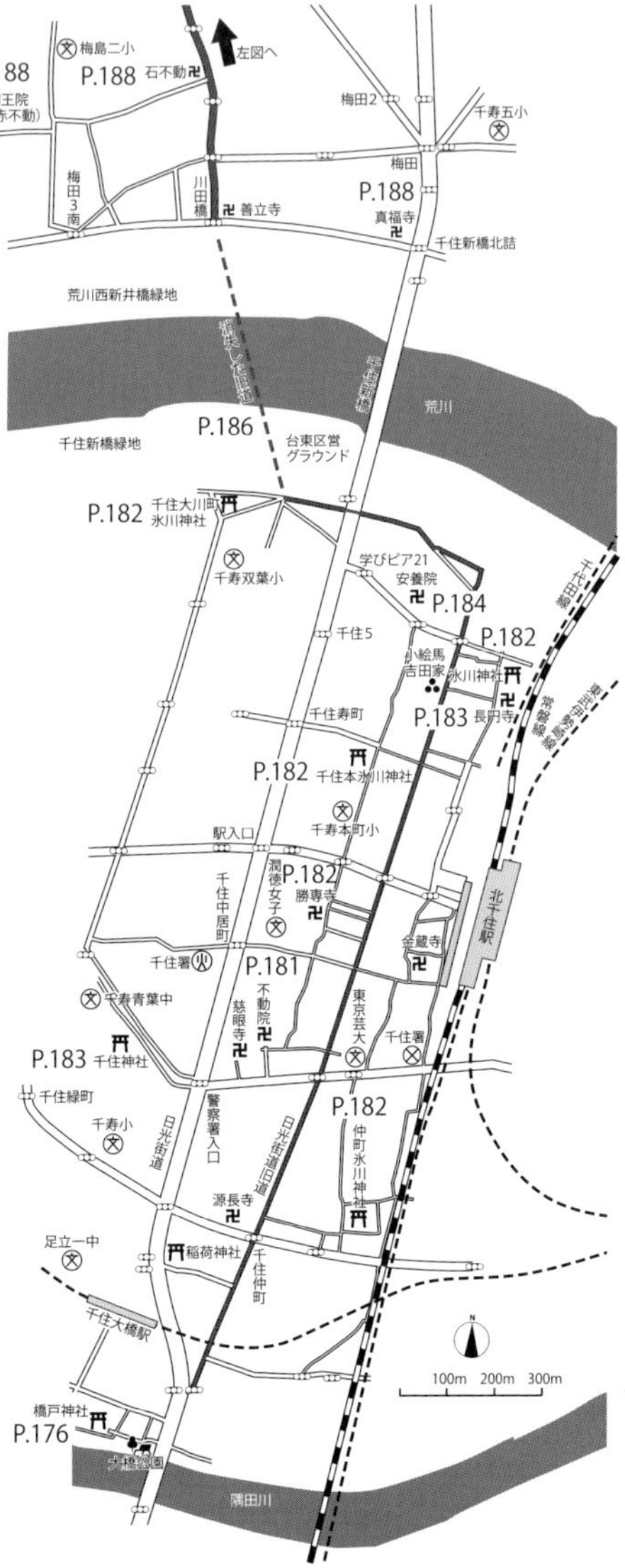
梅島二小
P.188
石不動
左図へ
P.188
明王院
(赤不動)
梅田2
千寿五小
梅田
P.188
梅田3南
川田橋
善立寺
真福寺
千住新橋北詰
荒川西新井橋緑地
消失した旧道
千住新橋
荒川
P.186
千住新橋緑地
台東区営グラウンド
P.182
千住大川町氷川神社
千寿双葉小
学びピア21
安養院
P.184
P.182
千住5
絵馬吉田家
氷川神社
千代田線
常磐線
東武伊勢崎線
千住寿町
P.183
長円寺
P.182
千住本氷川神社
千寿本町小
駅入口
潤徳女子
P.182
勝専寺
千住中居町
北千住駅
金蔵寺
千住署
P.181
不動院
慈眼寺
東京芸大
千寿青葉中
千住署
P.183
千住神社
千住緑町
警察署入口
日光街道
日光街道旧道
P.182
仲町氷川神社
千寿小
源長寺
足立一中
稲荷神社
千住仲町
千住大橋駅
100m 200m 300m
橋戸神社
P.176
大橋公園
隅田川

↑千手宿で催されたという大呑み合戦の様子

↗→旧道に入ってすぐの千住河原町、やっちゃ場跡の旧問屋街には、あちらこちらにこのような看板や解説板があり、昔の街並をイメージさせてくれる

↑旧日光街道の入口に立つ矢立て初めの松尾芭蕉の像

●千住宿の酒合戦：戯れ言的な誇張があるとしても面白い話だし、当時の庶民の心意気と平和を甘受する様子が伺えるのでご紹介しよう。

これは千住宿の中屋六右衛門が六十の年賀に、自宅を会場として酒の呑み比べをした記録で酒呑み自慢なら誰でも参加できたらしく、用意された杯は、いつくしま杯（五合）、鎌倉杯（七合）、江の島杯（九合）、万寿無量杯（一升五合）、緑毛亀杯（二升五合）、丹頂鶴杯（三升）、ほかに肴なども用意されていたようだ。以下が記録である。

伊勢屋言慶（新吉原中之町、六十二歳）三升五合余り／大阪屋長兵衛（馬喰町、四十余歳）四升余り／市兵衛（千住掃部《かもん》宿）万寿無量杯×三杯＝四升五合／松勘（千住宿）江の島杯、万寿無量杯、緑毛亀杯、丹頂鶴杯などにてことごとく呑む＝七升九合／佐兵衛（下野《しもつけ》小山）七升五合／大野屋茂兵衛（新吉原中之町、大野屋熊次郎の父）小盞《さかずき》数杯の後に万寿無量杯＝一升五合余り／大門長次（新吉原）水一升、醤油一升、酢一升、酒一升を三味線にて拍子をとらせ、口鼓を打ちつつ呑む／茂三（馬喰町、三十一歳）緑毛亀杯＝二升五合／鮒屋与兵衛（千住掃部宿、三十四～五歳）小盞多数の後に緑毛亀杯＝三升以上か／天満屋五郎左衛門（千住掃部《かもん》宿）三～四升／おいく（酌取女）鎌倉杯、江の島杯などで終日呑む＝酒量不明／おぶん（酌取女）右に同じ／天満屋みよ女（天満屋五郎左衛門の妻）万寿無量杯＝一升五合を傾けて酔った様子なし／菊屋おすみ（千住）緑毛亀杯＝二升五合／おつた（千住）鎌倉杯などで多数＝酒量不明／料理人（不明）終日茶碗で呑み最後に丹頂鶴杯＝酒量不明だが五升程か／河田

↓本町公園のトイレ「千住宿厠」。東海道旧道の入口にもこのようなトイレがある

↑宿場町通り入口。千住１丁目から５丁目まで続く。北千住駅が近いので賑やかだ

→千住仲町商店街の入口。かつての掃部宿である

（会津の旅人）江の島杯から緑毛亀杯まで五杯呑み、丹頂鶴杯を残して嘆く

じつは、この呑み比べの前、同年三月に隅田川に面した柳橋の万八楼（亀《かめ》清楼《せいろう》）で大酒・大喰い会が行なわれ、二百人が参加したといわれる。その内の酒豪の部では、芝口の鯉屋利兵衛が三升入りの杯で六杯半呑んで倒れ、目覚めてから茶碗で十七杯の水を飲んだことなどが『兎園小説』や『文化秘筆』『藤岡屋日記』に書かれているが、この大会の話題性に千住宿も触発されたのだろう。どちらも真偽のほどはさておき、愉快な話題だ。

●千住の絵馬：筆者は小絵馬（寺社で頂く普通の絵馬）のコレクターなので手描きの千住絵馬は大好きだ。現在の絵馬師は吉田家八代目の奥様である。店は旧街道沿いにあるが、特に絵馬を並べているわけでもなく、古くてひっそりとした店構えである。

三十種ほどの絵柄があるそうだが常に全て揃っているわけではない。無口な奥様にいろいろ質問しても「はあ」とか「あまり知らないもので」としか答えてくださらない。絵馬は一枚千円～四千円ほどで分けていただける。後述、めやみ地蔵尊などに奉納されている絵馬も吉田家製のものである。

●千住宿の飯盛女：飯盛女を置いている宿は小塚原に十四軒、掃部宿に三十二軒あったという。また『花散る里』によれば「此の地（小塚原）は…家数五百一軒、内七十四軒旅籠屋也。内三十六軒飯盛女有之…」とあり、時代によって軒数は異なるようだが、いずれにせよ遊女の人数はそこそこ揃っていたようだ。

千住の飯盛女は他の宿に比べるとずいぶん愛想が良かったという。特に小

↑不動院の遊女供養塔

↑金蔵院の供養塔。左端が遊女のもので左端は天保飢饉の供養塔

↑吉田家の店先と小絵馬。鶏は荒神用で油虫除け

塚原の客は農工商の庶民が多く、大いに繁盛したようだ。

ところが、これが裏目に出て葛飾など近在の若者が放蕩に耽るようになってしまった。そこで宝暦三（一七五三）年、葛飾の代官伊奈半十郎と村々の役人たちは相談して若者たちに囃子を伝授しようということになった。数カ村合併の練習場所を定め、数名の指南役を雇い、稽古は毎晩続いた。

お代官さまが密かに見回りをして、若者たちの上達を楽しみにしているとなれば、いずれも稽古に熱が入る。

やがて「囃子（馬鹿囃子、若囃子とも）は葛西に限る」といわれるほどの評判となり、優秀な者は代官自ら神田明神の将軍御上覧祭りにも推薦したという。現在も葛西神社に伝承されるこの郷土芸能も、本《もと》を正《ただ》せば千住の飯盛女のおかげといえないこともない。

彼女たちの供養塔は千住一丁目の不動院と千住二丁目の金蔵院にある。

金蔵院の遊女供養塔は三基並んだ左端のもので南無阿弥陀仏の文字が刻まれている。ちなみに右端の無縁塔は天保の飢饉《ききん》で亡くなった人の供養塔である。千住宿では天保四～七（一八三三～三六）年に起こった全国的な飢饉の時、江戸を目指して逃れてきた難民が餓死や病死で八百二十人も亡くなっている。金蔵院ではその内の三百七十人を供養している。

中心の地蔵菩薩は台座に三猿が彫られており、庚申供養塔とわかる。

不動院のものは正面に無縁塔、台座に大塚屋、横に万延元（一八六〇）年庚申《かのえさる》九月、下に二十数軒の飯盛女を置く旅籠屋名が彫られている。大塚屋が中心となり庚申の年に建立されたことがわかる。

↑馬頭観音像

↑この門から勝専寺は赤門寺と通称される。徳川秀忠、家光、家綱も利用している

←「あっ」と口を開けた閻魔大王

不動院と隣の慈眼寺にも天保の飢饉で亡くなった人がそれぞれ六十一人と七十六人が葬られた。

●千住の赤門寺《あかもんでら》（勝専寺）：旧道を挟んで北千住駅の反対側にある寺院だ。横道の奥に赤門が見える。扁額には「三宮神山」の文字。ただし通常この門からは境内に入れない。左に回り込む。

　閻魔堂には寛政元（一七八九）年の木造閻魔大王が座す。口を大きく開いて我々に「喝」を入れているような表情だ。胸の日輪月輪が目を惹く。

　さらに奥の祠には馬頭観音石像がある。尊顔に大きめの馬の頭が乗っている。宿場には馬頭観音が似合う。

　本尊は境内からは拝観できないが木造の千手観音立像だそうで、これが千住の地名の由来だといわれる。像は荒川から引き揚げられたというから浅草の観音様と同じで、ありがたい仏像は川や海から出現するケースが多い。

　勝専寺にも天保の飢饉で逃れてきた犠牲者三百二十一人が葬られている。

●千住宿は氷川神社だらけ：千住宿には氷川神社が四社もあり、関東武士の足跡を感じる。しかしそれぞれに訪れても、しばらく時間が経つと記憶の中で四社の区別がつかなってしまう。そこで南から整理してみよう。

・仲町氷川神社　千寿七福神巡りの一社で境内に弁財天を祀っている。ただし解説板での祭神は市杵島比売命《いちきしまひめのみこと》になっており、龍が彫ってある大変立派な扁額も江島《えのしま》神社となっている。小さな池の対岸に元禄二（一六八九）年の二臂弁財天の石像が鎮座するが、台座には三猿が彫ってある。東京で唯一の弁財天庚申塔という。

・千住本氷川神社　千住三丁目。千寿七福神巡りの一社で旧本殿に大黒天

↑千住川田浅間神社（大川富士）からの眺め。お山の大将気分だ

↑弁財天を主尊とした庚申塔。台座に三猿が彫ってある

を祀っている。黒い石像と古い社殿のバランスがひじょうに味わい深い。

・氷川神社　千住四丁目。教育に熱心だった名主や寺子屋の塾長らの手により境内に高正天満宮が合祀されている。古そうな木彫りの扁額が印象に残るが、いつまで保つか心配である。隣の長円寺については後述する。

・千住大川町氷川神社　荒川土手の麓にある。千寿七福神巡りの一社で布袋尊を祀っている。千住川田浅間神社を合祀しており、境内には文政七年（一八二四）築造の富士塚（大川富士）がある。ただし三回移築され、現在の高さは三メートル程だが、こぢんまりまとまった美しい富士山だ。

千寿神仏への祈念法

地図P.178

●回転する恵比寿尊：千住宿には上記の他にもう一基、富士塚がある。千住宮元町の千住神社で、こちらも千寿七福神巡りの一社となっており、恵比寿尊を祀っている。塚はこちらのほうが高いような気がするが以前は無粋な金網に囲まれていた。今はそれが撤去されてすっきりした。大天狗・小天狗などの石碑や石塔などが以前より見やすくなったが登拝はできない。

　ところで神社の入口には「全国に珍しい回転する願かけ恵比寿」というキャッチが掲げられている。手で恵比寿像を回転させ、祈願によって像の決まった箇所をハンカチで撫でるなど、その方法が細かく解説してある。たとえば商売繁盛は鯛、ガン除けは腹、ボケ防止には後頭部などである。

●めやみ地蔵尊と魚籃観音：旧道の裏手になるが長円寺には立ち寄っていただきたい。まず道路沿いの塀際に祀られているめやみ（目病み）地蔵尊が民

↑長円寺の大日如来石像

↑回転恵比寿尊を回す筆者
←絵馬に囲まれた「めやみ地蔵尊」。右手前が摩尼車

俗ムードたっぷりだ。小さな地蔵堂の両脇には千手絵馬がびっしり奉納されていて木製の摩尼車《まにぐるま》があり、本来はお経が書いてある回転部がボロボロになっていた。それだけこの地蔵尊にお参りする人が多いということだろう。

　山門を入って境内の左側には魚籃観音堂がある。ありがたいことに厨子の扉は開かれており、可愛らしい観音様が魚籠を下げている。その前には、やはり千住絵馬が並ぶ。

　境内の右側には石碑や石仏が並ぶ。筆者のお目当ては大日如来だ。台座に愛嬌のある獅子が彫ってある。他にも八十八カ所巡りの石碑（毛彫石碣《けぼりせっけつ》）等々庶民の信仰心がすばらしい庭園を作り上げている。

　また、当寺には「乳泉石」という石灰岩質の石があり、これが有名であった。『足立の今昔』によれば「乳の出ない婦人がこの石をけずり、これを飲むと直ちに乳が出るという伝えがあり、乳の出ない人々は先を争っていただいた。なかには、豊前国中津城主奥平家より、この石に対し毎年五両の寄付金を出したと寺の記録に見える。明治維新頃まで、この石はけずられて配布されていたが、明治の中頃から多くの婦人の希望もあったが、あえてこれをあたえなくなったといわれている。今は寺の宝物となっている」とある。

　確かにプラシーボ（偽薬）効果はあったのだろう。しかし何かといえば訴えられる時代において、寺宝としたのは正解であった。現在、子育て（子福成就)は境内の子福稲荷が、乳の出に関しての信仰は前出、素盞雄神社の「子育て銀杏」が引き受けているようだ。

●かんかん地蔵：絵馬屋の少し先で、新しく作られた広い道を左に折れると

→魚籃観音とずらりと並ぶ千住絵馬
↑安養院の地蔵尊。中と右の二体は寛文年間造立の仲直し地蔵。これで「なかよしじぞう」と読ませている
←かんかん地蔵菩薩

安養院がある。ちなみに旧道はもう一本先の道を左に折れる。

参道を入った正面に数体の地蔵尊が立っている。向かって左の地蔵像の上半身は粉を吹いたように白い。石が削られているのだ。元禄十二（一六九九）年に造立されたかんかん地蔵である。浅草寺の銭塚地蔵のお隣にもかんかん地蔵はあるが、こちらはもはや石像の形態を留めていない。

単純に「かんかん石」というものも各地にはある。前述、鈴ケ森の鈴石もこれに近いものである。したがって本来はその名から、単純に石などをぶつけたり叩いたりして音を出していたもので、信仰そのものというより、音を楽しんだり神仏への挨拶といった程度のものだったと思われる。

これが、たとえば浅草寺のかんかん地蔵は隣の銭塚地蔵との習合で「石のかけらを財布に入れると金が増える」ということになる。鼠小僧次郎吉や鬼薊清吉の墓石のかけらを「ギャンブルや入試のお守り」にする。乳泉石の粉を服用して「乳の出を良くする」などの信仰に発展していく。

安養院のかんかん地蔵もこのような信仰的流れで叩かれ削られ続けている。この地蔵尊への祈念法は、自分の身体の治したい部位と同じ場所を小石で叩いて拝むのだそうである。ついでながら人の仲の修復は隣に立つ二体の仲直《なかよ》し地蔵尊にお願いする。右端の像は寛文十（一六七〇）年、真ん中の像は寛文四（一六六四）年の造立だ。また、この二体の前に双体道祖神のような小さな石仏があるが、これも地蔵尊で、こちらのほうが「仲良し」の名にふさわしい気がする。

千住の先・江戸の果てまで

中央環状線　　千住新橋（日光街道）

荒川に分断された旧日光街道

地図 P.178

旧道は千住宿を過ぎてすぐに荒川に断ち切られてしまう。ここも境界だ。

荒川はご存知のように氾濫を防ぐために人工的に掘られた巨大な放水路だ。そのため旧道は荒川によって約五〜六百メートル削り取られた。その一方の端が前述、大川町氷川神社前のあたりである。土手を登ると対岸には足立区梅田地区が望める。善立寺の屋根が小さく見える。地図を見ると少し筋違いになっているが旧道はその寺の脇から再び続いている。向こう岸には直接行けないから、千住新橋を渡る。

本来、川の流れは左（西）から右（東）のはずが、不思議なことに筆者が渡った時、澱みと見紛うほどの緩やかな流れは上流方向に微かに移動していた。鯉《こい》か鯔《ぼら》か大きな魚の死体が浮いていて、魚種を確認するため写真を撮ろうとしたのだが、バッテリー交換のため数分間手間取った。再びカメラを構えて気付いたのだ。風が強いわけでもなかった。日本橋から九キロメートル。ここまで潮が上がってきているのか!?

河原は整備されても橋の下の住人が姿を消すことはない。長い橋を渡り、川沿いに西へ四百メートル進み、善立寺脇のT字路信号・川田橋に着く。川から直角に延びる旧道に入る前に背後の土手に登り千住宿を振り返る。

日光街道旧道は東京都の外れ、西保《にしほ》木間《きま》で現日光街道と再び合流し、毛長川の水神橋で埼玉県草加市に入るまで約五キロメートル続く。

西新井橋（尾竹橋通り）　千住新橋緑地　善立寺の屋根（旧日光街道）

↑千住新橋の上

↑千住方面を振り返る
←上流に向かって流れる魚の死体

↑梅田側から見た千住新橋

↑旧道の再出発点。右は善立寺の塀。背中は右の写真になる

↑梅田側の旧道の突き当たり

江戸最北部の神仏と伝承

地図 P.178

●真福寺の邪鬼と馬頭：コースを戻ることになってしまうが千住新橋を渡った袂に真福寺がある。山門をくぐるとすぐ右手に三基の石像が並んでいる。青面金剛（庚申塔）が二体、馬頭観音が一体だ。左端の青面金剛に踏みつけられている邪鬼がいかにもまいったといったグロッキー・ポーズでなかなか良い。邪鬼の両脇にいる二羽の鶏も稚拙ながら味わいがある。馬頭観音の表情も馬とともに迫力がある。向かいには六地蔵が並ぶ。

●八彦尊《やひこぞん》道碑と石不動堂：千川田橋の信号から三百メートルほど旧道を進むと左に小さな不動堂がある。扁額には「石不動尊」とあるが中を覗くと不動明王の石像の台座には「耳不動尊」と彫られている。「石《せき》＝咳《せき》」のケースは多いが「石→耳」は珍しい。

耳の病に苦しむ人は酒を入れた竹筒を奉納して祈念し、その酒を耳につけると病が治るという。お礼にも酒を入れた竹筒を奉納する。筆者が訪れた時は松の内だったこともあり、小さな竹筒に松と竹の小枝が添えてあった。近所の方の手作りだろう。

耳病のご利益で有名なのは埼玉県蓮田市・妙楽寺の馬頭観音で、その名もズバリみみだれ観音だ。ここでの祈念法は、酒の入った竹筒を一本借りて持ち帰り、紙縒や綿棒などで中の酒を耳の悪い処につける。やはり治った人は竹筒を二本にして返すというものだが、信仰形態は同じものである。このように昔ながらの習俗が生きているのは嬉しい限りだが、このような非科学的な方法が若いママさんたちに受け入れられるはずもなく、やがて廃れていくか形を変えていくのだろう。

堂の脇には「子育 八彦尊道 是より二丁行く」と刻印された道標が立つ。八彦尊という神は他所ではあまり聞かないが、ここから五百メートルほど西にある明王院（通称・赤不動）の境内にある八彦堂に祀られている。つまり石不動は赤不動へのみちびき不動のひとつというわけである。

道標での距離は二キロメートル強になるから、実際は表示よりだいぶ近いが、かつてこの道標は荒川沿いのもっと離れた場所に立っていたからだ。

八彦尊とは、もともと子育てというより咳止めの神様だったらしい。こちらへの祈願法は八彦尊に掛けてある袈裟を借りて願を掛け、やはり完治すると二倍返しするというものだ。

石不動もかつては咳の神だったのではないかと思うのだが、ご利益を八彦尊と分担したのではなかろうか。

ちなみに明王院が赤不動とよばれるのは不動堂が朱塗りであったことによる。再建された今でも朱塗りである。『江戸名所図会・巻之五・梅田天神祠不動堂 別当明王院』の絵図には不動堂、別当（現・回向堂）のほかに弁天や天神（現・天満宮）の名が見られる。

●猿仏塚：石不動尊から北へ、足立九中前の追分を過ぎ、東武伊勢崎線「梅島駅」を右上に見て、環七通りを渡り、最初の信号を右に折れる。これを道なりに進むと島根小学校がある。ここまでで約二キロ強。小学校の向かいに三基の板碑の型をした供養塔が立っている。傍らの石柱には「猿仏塚」とある。今その面影はないが以前は笹の茂った小塚で一本の榎が植わっていたという。

昭和五十四（一九七九）年発行の『足立の今昔』によると「三百五十年ほど前、このあたりの農家に一匹の賢猿がいて留守番から子守までした。ある日、いつものように猿が留守番をしていると寝かせてあった赤ん坊が泣き出した。家人がフロに入れると赤ん坊が泣き止むのを思い出した猿は湯をわかし、赤ん坊をフロに入れた。ところが、猿知

↑真福寺の馬頭観音像。馬の顔まで凛々しい
→真福寺の青面金剛。踏みつけられている邪鬼の姿が痛ましい

石不動尊堂

明王院（赤不動）

辺境〜異国出入り口

↑住宅街の隅にひっそり残る猿仏塚
←鷲神社境内の大灯籠は新しいものだが素朴な迫力がある

恵のかなしさ、湯をうめることを知らず、熱湯に入れてしまったために赤ん坊はその夜に死んでしまった。とんだことをしでかしたと思った猿は、それから数日間、飯も食べず墓守りを続けて死んだ。哀れに思った家人や村人は、猿のためにカエデの木を植え塚を築いて供養したという。その後、この塚はいつしか子供の厄除け塚となり、子供が病気になったりすると村人は泥だんごを供えて願をかけ、それがかなうと米だんごを供えるようになった」。

足立区教育委員会の解説では、これを「美しい民話」として紹介している。つまり人々は猿に「仏になって子供を守ってくれ」と念じ、哀しい猿の魂魄は泥のだんごを見せられて本物のだんごを食べたい一心で子供を守ることになるわけだ。

じつはこの類《たぐ》いの話は全国に分布しているという。現実に風呂を沸かす猿がいるとは考えられないから、おそらく子供の死因に関するひとつの慰め、理屈付けからこのような話が生まれたのだろう。筆者が訪れたときも、ぬいぐるみや人形などが供えられていた。

供養塔は向かって右から寛永十四（一六三七）年の文字念仏供養塔、寛永六（一六二九）年の庚申待・十六夜待供養塔（奉待庚申十六夜成就所）、延宝八（一六八〇）年の文字庚申塔である。わざわざ美しい民話や信仰を否定するつもりはないが、民俗学的な解釈をすれば、庚申《こうしん》塚の申《さる》が猿になり、猿塚になったのである。

●鷲《わし》神社の大灯籠：古代はここまで海岸線だったという。鷲神社は神々が船でお着きになった場所なのである。鷲《おおとり》または大鳥と同じく日本武尊《やまとたけるのみこと》を主祭神とするが、他にも多くの神々を祀って

→鷲神社の島根富士
←炎天寺山門の内側にひっそりと「おこり神」
↓炎天寺境内には大小様々な蛙がいる。これは最も哲学的な一匹で筆者も思わず唸った

いる。棟に高く千木をあげている社殿が立派だ。二百年以上の歴史を持つ島根囃子や島根神代神楽などを伝えていることでも名高い。島根囃子は悪疫が流行した時、当社に祈願して囃子と獅子舞を奉納したら悪疫はすっかり殲滅したと伝えられる。

昭和六十一（一九八六）年建立と歴史が浅いのでそれほど話題にならないが総重量三十五トン、高さ七メートルの長寿山燈籠は巨人のようで見応えがある。社殿の左奥には昭和六十三（一九八八）年に復元された富士塚が立つ。美しいが短命の木花開耶媛命と不細工だが長寿の磐長媛命の姉妹神を祀り、祠もしっかり二つある。

●炎天寺《えんてんじ》の瘧《おこり》神：旧道・六月《ろくがつ》二丁目の信号あたりから西へ六百メートルほど入ると文化十三（一八一六）年の句「やせ蛙負けるな一茶是にあり」「蝉なくや六月村の炎天寺」などで知られる一茶と関わりの深い炎天寺がある。住所は竹ノ塚になる。今は隣の八幡宮の影が薄いが『江戸名所図会・巻之五・八幡宮』には「六月村にあり。別当を炎天寺と号す。伝へいう、八幡太郎義家朝臣《よしいえあそん》（源義家）奥州征伐のとき、この国の野武士ども道を遮《さえぎ》る。そのとき六月炎天なりければ、味方の勢労《つか》れて、戦はんとする気色《けしき》もなかりしにより、義家朝臣心中に鎌倉八幡宮を祈念ありしかば、不思議に太陽繞《めぐ》るがごとく光を背に受けければ、敵の野武士ら日にむかふゆゑに眼《まなこ》くらみ、おほいに敗北しぬ。よって、この地に八幡宮を勧請ありしとぞ。このゆゑに村を六月といひ、寺を炎天と称し、また幡正山と号すとなり」とある。ここでいう奥州征伐とは安倍一族の反乱鎮圧のことだ。

一茶の命日（十一月九日）に近い祝

日に「一茶まつり」に併行して海外を含む全国小中学生俳句大会が開かれる。また、痩せ蛙と大蛙に扮した少年が相撲を取る行事も有名だが、筆者がこの寺まで足をのばした理由は「おこり神」を確認するためである。

天保十三（一八四二）年の碑で、知らなければまず気付かないような地味なものである。同じ瘧《おこり》の神、前述・甚内神社の小社がよほど立派に見える。

境内は一茶や蛙の像ばかりが目立つが、他にも丹念に見て回れば文政四（一八二一）年の三猿付きの舟形聖観音立像、文化二（一八〇五）年の馬頭観音立像、寛永十七（一六四〇）年の板碑型線刻阿弥陀如来立像、貞享三（一六八六）年のショケラ（裸形女人）を下げる青面金剛、小さいが庚申供養銘の入った享保十七（一七三二）年の石灯籠などがある。

●西光院の大日如来：炎天寺と八幡宮に並んで西光院がある。山門を入るとすぐに大きな大日如来の美しい座像がある。元禄十二（一六九九）年鋳造の立派な銅像だ。その下に享保十一（一七二六）年と元禄十一（一六九八）年の庚申塔が並ぶ。それぞれ主尊は青面金剛と地蔵菩薩だ。三体ともに足立区文化財である。

●常楽寺の第六天：さらに百数十メートル北の常楽寺にも青面金剛の庚申塔がある。天保十一（一八四〇）年のもので邪鬼の表情に愛嬌がある。ショケラも下げているが芋虫のように見える。その並びに閻魔堂があり、こちらの閻魔様も親しみを感じる表情をされている。その並びにひっそりと小さな祠が佇む。大六天が祀られている。

本堂の前に立つのは持経の観音菩薩像である。

●講中による行事が続く十三仏堂：『新編武蔵風土記稿・巻之百三十七・足立郡之三・保木間村』の項に「庵 行基の作れる虚空蔵の木像を安ず」とだけ記されている庵が、この十三仏堂である。旧道からわずかに奥まっているため見過ごしがちだ。

足立区教育委員会の解説板によれば、わずか十三戸で構成される十三仏三之《みの》輪《わ》観音講の人々によって保存されているという。昔は音曲太鼓を打ち、百巻観音経を上げていたそうだ。

裏庭のような境内には様々な石仏や板碑型の石碑が壊れたり、半分埋まったりしたまま散乱している。廃仏毀釈でやられてしまったままのようで痛ましい。しかし堂の中には多くの木像が保存されているという。

筆者が研究している飯縄《いづな》権現の像も祀られているそうで、さっそく足立区

↑左から西光院の地蔵菩薩庚申塔、青面金剛庚申塔、大日如来座像

↑炎天寺のショケラを持つ青面金剛庚申塔

↑常楽寺の閻魔大王

←←常楽寺の大六天祠
←ショケラを持つ青面金剛庚申塔

→足立区六月周辺の旧日光街道

↓十三仏堂

↓廃仏毀釈で破壊され、半ば埋められた十三仏堂の石仏石碑群。三猿も泣いているようだ

辺境〜異国出入り口

↑保木間氷川神社の保木間稲荷社には宇加之御魂大神（稲荷神）とともに疫神の疱瘡大神を祀っている
→富士塚のようだが榛名塚である
→→胸をはだける天宇須女尊。踊っている様子ではないので、前述・寄木神社のこて絵と同様に猿田彦尊に対峙している時の姿だろう

立郷土博物館に問い合わせたところ、どうも最近の調査で秋葉権現像らしいというお話だった。少々残念ではあったが、今でも講は伝承されていると伺い、安心した。

●氷川神社の天鈿女命と疱瘡神：旧道沿いの渕江小学校体育館脇の道を入る。細い道だが流山道という成田山と西新井大師を結ぶ古道である。

　小学校の裏に保木間氷川神社と並んで寶積院がある。千葉氏の陣屋があったという。『新編武蔵風土記稿』によれば、もともとは天神社だったようだが、末社に稲荷社、疱瘡神社、妙見社があったらしい。

　現在は氷川神社となっているが、祭神には菅原道真公も入っている。末社に稲荷社があり、社の中に脇宮として疱瘡大神を祀っている。今では信じられないかもしれないが、かつては疱瘡で亡くなる子供が非常に多かった。詳細は省くが、日本全国に疱瘡神（疫神）を祀る神社はある。ただ、疱瘡が姿を消した今は需要も無くなり、社名や祭神を変えているだけなのである。

　また、本社は明治に発生した公害事件に取り組んだ衆議院議員の田中正造などとも縁がある神社である。

　しかし筆者がここを訪れた目的は丸彫りの天宇須女尊《あめのうずめのみこと》の石像である。だいぶ傷んではいるものの、しっかりと胸を露《あらわ》にして立っている。造立年は不詳だが聖母のような雰囲気も漂わせる。

　その奥には富士塚とそっくりな塚があるが、これは榛名山である。榛名権現は農耕にとって大切な水や天候を司る神である。扁額も祠の刻名も榛名神社となっているが、榛名山八大龍王の石塔にと共に富士講の大願成就の塔も多く見られるのが面白い。

→↑白旗塚古墳の周囲は池になっている上、縄が巡らされている。さすがに「立ち入ると祟りがある」とは書いていない。祟り云々などと書くと、かえって面白半分に立ち入る人間が増えそうだ。兵器は今でも埋まっているのだろうか、無責任ながら確認していただきたい気もする

江戸の果ての祟《たた》り神

地図
P.197

●白籏《しらはた》（白旗）塚《づか》の祟り：伊興《いこう》町一帯には六世紀頃の七基の古墳が存在していたが今は白旗塚史跡公園の一基のみである。この白旗塚古墳は直径十二メートル、高さ約二・五メートルの円墳だが、未調査である。『江戸名所図会・巻之五・白籏塚』には「伊興村、田の中にあり。伝へいふ、往古《そのかみ》八幡太郎義《よし》家朝臣《いえあそん》（源義家）奥州征伐のとき、この地に白籏を建て凱歌《がいか》を唱へしより、この名ありとぞ。近頃までこの塚上に小祠あり。その傍らへ立ち寄るものあれば祟《たた》りありしゆゑ、社《やしろ》荒廃におよびけれども、そのままに再建《さいこん》もせざりしとて、いま塚ばかりを存せり（いまも、この塚の上に登ることを禁ず）。この辺りの田面《たのも》を白籏耕地といふ。また兜《かぶと》塚と称するもの五箇所あり（兜首《かぶとくび》実検《じっけん》ありし後、その首を埋めたるところとぞ）」とあり『新編武蔵風土記稿・巻之一三七・足立郡之三』にも記載されている。

またある年、塚上の古松が大風に吹き倒され、その根元から多数の兵器が出た。それを見た村人が鉄製の太刀などを家に持ち帰ったところ家中の者が大病にかかったので、また埋め直し、その上に印の松を二本植えた。それからは二本松ともいったという。後に六本杉となり、今は「白旗大明神　明治二十一年建立」と刻名した石碑があり、数本の松が生えている。塚の周囲は堀状の池になっており「きけんなので池のなかにはいらないで！」の注意書きが下がっている。

●大蛇と勇者が戦った地：千旧日光街道も毛長川橋前で草加バイパスをくぐると埼玉県草加市は目と鼻の先だ。日

↖水神社　←水神橋　↑旧道が現日光街道と合流する地点

光街道と合流するためか車の量も急激に増える。その合流地点の手前に水神を祀った小さな神社がある。

やはり『新編武蔵風土記稿・巻之一三七・足立郡之三・水神社』にその由来が紹介されている。それによると、昔、北面の武士だった小宮某という者がこの地に隠棲し、つれづれの余に沼で釣りをしていたところ、傍《かたえ》の森林から大蛇が出てきて彼を呑もうとした。小宮はもとより武勇の士だから刀を抜いて大蛇を斬り殺したが、彼も蛇の毒息に侵されて数日後に死んでしまった。土地の人はここに葬り、榎《えのき》を植えて印とした。同時に蛇の霊も水神として祀り込め、その沼を水神ガ池とよんだ。

また、このあたりの井戸の水はことに清冷で、煎茶を売る水神ガ茶屋という店もあった。

小宮榎はやがて枝葉も茂り大木となって日光街道の目印になったが、この木で首をくくる者が出るようになった。それが年ごとに数を増すので村人が相談して榎の下に白山権現を祀ったところ死ぬ者がなくなったという。

また、この榎に歯を病む者が祈ると験があるとして祈願する人々が増えた。お礼には楊枝や絵馬を供えたという。

蛇足だが、龍神ではなく大蛇《おろち》を水神とする例は日本古来の民俗形態である。たとえば九頭龍《くずりゅう》も八岐大蛇《やまたのおろち》が仏教（中華）思想の影響を受けて変身したものだ。などと理屈をこねても今は水神社を残すのみで大蛇の棲んだ沼も小宮榎もない。無人の社の境内には排気ガスが漂うばかりとなってしまった。

都内最北の富士山

地図
P.197

旧道が日光街道に合流する場所から百メートルほど北上すると水神橋だ。

↑第六天社の石塔
→花又富士

↑毛長川に架かる水神橋。橋を渡れば埼玉県草加市である

毛長川の対岸は埼玉県だから地図上の東京の境界線である。日光街道はそのまま谷塚を抜け越谷の宿へ向かう。

　このまま橋を渡る前に江戸最北の富士塚に登ることにする。水神橋のすぐ手前から東へ、毛長川沿いに花畑公園内を歩いて六～七百メートルの距離だ。

　団地側を注意しながら進むと小さな石祠を頂に載せた花又富士の勇姿が見えてくる。この祠が浅間神社の社《やしろ》になる。特に社殿を持たないので「野浅間」とよばれる。

　塚の正面へは団地側へ少し回り込む。昔は畑の中にぽつんと聳えていたという。明治初めに築造されたものだが、かつて毛長川流域には多くの古墳があったことが確認されており、花又富士もそれを利用したものだという。古墳だと思うと埋葬者には申し訳ないが、それでも頂上まで登れば爽快である。ただし数秒で登頂してしまう。

　麓に「第六天社」の石塔が立っている。この神仏には日光街道だけでも三度お目にかかった。なんだか得をしたような気分だ。やはり「歩いてみる」ものである。

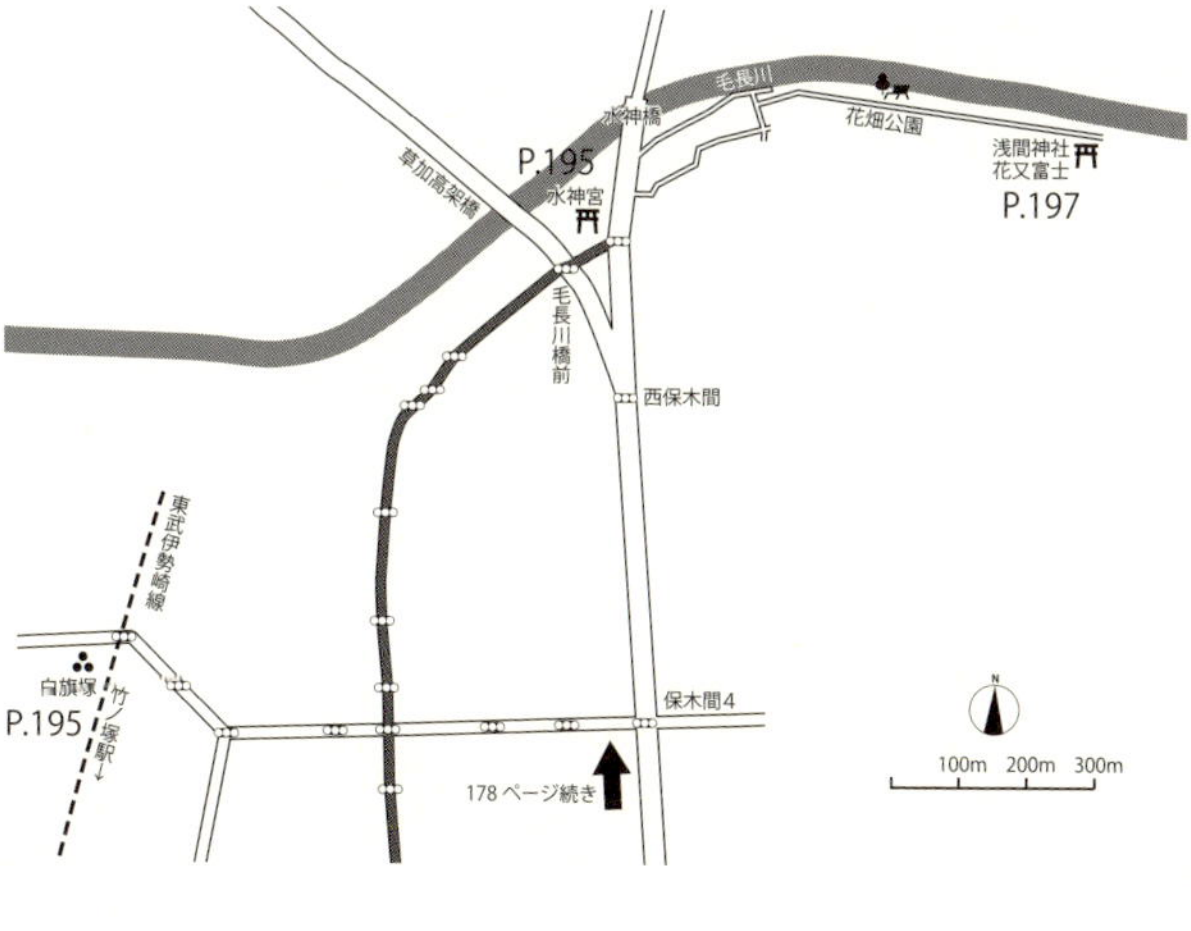

『東京の消えた地名辞典』編：竹内誠／東京堂出版／ 2009
『真説！ 幕末キャラクター読本』著：伊藤春奈／アスペクト／ 2010
『江戸東京の寺社 609 を歩く 下町・東京編、山の手・西郊編』監修：山折哲雄／著：槇野修／ PHP 新書／ 2011
『民俗伝承の現在』著：大島建彦／三弥井書店／ 2011
『カラー版 地図と愉しむ東京歴史散歩』著：竹内正浩／中公新書 2129 ／ 2011

『足立の今昔』編・発：東京都足立区役所／ 1979
『区政 60 周年記念 図説 板橋区史』編：板橋区史編さん調査会／発：板橋区／ 1992
『ガイドブック 新宿区の文化財』編・発：新宿歴史博物館／史跡東部編（1997）、史跡西部編（1998）、石造品編（2000）、伝説・伝承（2011）
『新宿文化財ガイド（改訂版）』編：新宿歴史博物館／発：新宿区生涯学習財団／ 2007
『あらかわ今昔ものがたり』編・発：荒川区教育委員会 荒川区立荒川ふるさと文化館／ 2008
『区政 80 周年記念特別展 足立の仏像 ーほとけがつなぐ足立の歴史ー』発：足立区立郷土博物館／ 2012

ネット『東京の被差別部落 近世』作成：浦本誉至史

主な参考文献　＊出版年度は第一刷発行年のみ表記

『増呈 武江年表 1、2』著：斎藤月岑／校訂：金子光晴／平凡社東洋文庫／ 1968
『日本古典文学全集 46 黄表紙 川柳 狂歌』小学館／ 1971
『日本古典文学全集 47 洒落本 滑稽本 人情本』小学館／ 1971
『耳嚢 上・中・下』著：根岸鎮衛／校注：長谷川強／岩波文庫／ 1991
『大日本地誌大系 新編武蔵風土記稿（巻一～七）』雄山閣／ 1996
『新訂 江戸名所図会（巻一～六、別二）』校訂：市古夏生、鈴木健一／ちくま学芸文庫／ 1997

『新修 日本佛像図説』著：木村小舟／日本佛像圖説刊行會／ 1952
『三田村鳶魚 江戸生活事典』編：稲垣史生／青蛙房／ 1963
『日本性風俗誌』編：藤澤衛彦／雄山閣／ 1963
『小絵馬』著：岩井宏実／三彩社／ 1966
『史蹟 将門塚の記』刊：史蹟将門塚保存会／ 1968
『伝馬町牢屋敷 エピソード刑罰史』著：布施弥平治／人物往来社／ 1968
『詳説 江戸名所記』著：今井金吾／社会思想社／ 1969
『武蔵野の地蔵尊 都内編』著：三吉朋十／ 1972
『三田村鳶魚全集 第十一巻』著：三田村鳶魚／中央公論社／ 1975
『江戸から東京へ（一～九）』著：矢田挿雲／中央公論社／ 1975
『ものと人間の文化史 26 河原巻物』著：盛田嘉徳／法政大学出版局／ 1978
『歴史細見 東京江戸案内』編：桜井正信／八坂書房／ 1979
『乞胸と江戸の大道芸』著：高柳金芳／柏書房／ 1981
『江戸の大道芸』著：高柳金芳／柏書房／ 1982
『定本 江戸商売図絵』著・絵：三谷一馬／立風書房／ 1986
『江戸東京の庶民信仰』著：長沢利明／三弥井書店／ 1996
『都市周縁の考古学』著：八木橋伸浩／言叢社／ 1995
『江戸東京を歩く 宿場』著：塩見鮮一郎／三一書房／ 1998
『江戸川柳を読む（国文学解釈と鑑賞 別冊）』編：江戸川柳研究会／至文堂／ 2001
『落語にみる 江戸の「悪」文化』編：旅の文化研究所／河出書房新社／ 2001
『江戸・東京 石仏ウォーキング』編：日本石仏協会／ごま書房／ 2003
『街道の日本史 20 江戸 街道の起点』編：藤田覚、大岡聡／吉川弘文館／ 2003
『図説 江戸・東京の川と水辺の事典』編：鈴木理生／柏書房／ 2003
『江戸の町は骨だらけ』著：鈴木理生／ちくま学芸文庫／ 2004
『宮田登 日本を語る 3 はやり神と民衆宗教』著：宮田登／吉川弘文館／ 2006
『東京の地名由来辞典』編：竹内誠／東京堂出版／ 2006
『江戸の庶民信仰（大江戸カルチャーブックス）』著：山路興造／青幻舎／ 2008
『弾左衛門とその時代』著：塩見鮮一郎／河出文庫／ 2008
『江戸東京地名辞典 芸能・落語編』著：北村／講談社学術文庫／ 2008

著……**川副秀樹**（かわぞえ・ひでき）

1949年生。中央大学経済学部卒。G·デザイン事務所経営を経て現在、著作・編集業・民俗学研究者。'03～「東京都高尾パークボランティア会」会員。'06～神職の体験及び研究を開始。'11～「古文書の会」（武蔵野市）会員。ベランダのプランターで古代米を栽培し、メダカを飼育。飯縄信仰をはじめとする庶民信仰の研究をライフワークとする。また、'50～'60年代の黒人音楽（Soul Music, R&B）に造詣が深く自らもグループを組み、年数回の演奏活動を続けている。

著書：『雑学 ご先祖様の知恵袋』（黒鉄ヒロシ監修／宝島社／'04）、『スキャンダラスな神々』（龍鳳書房／'06）、『八百万のカミサマがついている！』（志學社／'08）、『絵解き·謎解き 日本の神仏』（彩流社／'10）、『東京「消えた山」発掘散歩』（言視舎／'12）ほか企画編集書多数。

http://www.zoeji.com

＊本書掲載のモノクロ写真をカラーにて掲載

＊筆者が講師を務める「ごりやく民俗講座」や演奏活動、ボランティア活動の情報

装丁、DTP制作、撮影、地図………Hi-Studio

【言視BOOKS】

東京の「年輪」発掘散歩

旧街道ごとにたどる大都市の「境界」

発行日❖2013年5月30日　初版第1刷

著者

川副秀樹

発行者

杉山尚次

発行所

株式会社言視舎

東京都千代田区富士見2-2-2　〒102-0071

電話 03-3234-5997　FAX 03-3234-5957

http://www.s-pn.jp/

印刷・製本

（株）厚徳社

ISBN978-4-905369-60-8 C0325